Lucia Tudosa Fundureanu

LINIȘTEA ALBASTRĂ

Reflection Publishing

Grafica: Patricia Chabvepi (Tudosa)
Coperta: *Poarta de Est a Ierusalimului* de Patricia
Chabvepi (Tudosa)
Tehnoredactare: Ioana Ene
Ediție aranjată de Ruxandra Vidu

ISBN (10):   0-9797618-0-8
ISBN (13):   978-0-9797618-0-5

Cuvântul autorului

Păstrez în sufletul meu cerul albastru, iarba verde, florile sălbatice de o frumuseţe divină, podeţele peste Criş, şi dealurile cu mure, dimprejurul satului mamei mele. Parcă văd sălcile de-un verde argintiu cu capetele plecate, meditând spre Crişul limpede, repede, în care strălucesc pietrele lustruite de curgerea neostoită a apei.

Îmi amintesc cu plăcere cum culegeam mure şi străbăteam dealurile prin livezi de pruni şi meri, despărţite simbolic prin garduri joase de lemn, cu o geometrie sălbatică.

Frumuseţile acelea imi alină şi astăzi sufletul.

Dacă veţi găsi în versurile mele vre-o frunză verde, cer albastru, apă limpede, flori, gâze..., să ştiţi că de-acolo le-am luat: de pe drumul dintre sate. Înaintând prin timp, am învăţat să ascult cum creşte firul ierbii, cum stropi de linişte albastră picură din cerul senin, să-mi pun probleme existenţiale, să mă cuplez cu cerul, să aud cum bate inima lui Dumnezeu.

Am deosebita plăcere să mulţumesc fiicelor mele, Patricia şi Bianca, pentru dragostea cu care m-au încurajat să scriu. Mulţumesc fiicei mele Patricia care a facut ilustraţia acestui volum de poezii.

Mulţumesc prietenei mele dr. ing. Ruxandra Vidu care a depus un efort deosebit pentru ca acest volum de poezii să poată apărea în varianta în care este prezentat acum. Mulţumesc lui George şi Carmen Muntean care au făcut posibilă tipărirea primei ediţii. Mulţumesc lui Emil Creangă pentru analiza critică a poeziilor.

Mulţumesc Lui Dumnezeu pentru fiicele mele şi prietenii mei care, într-un fel sau altul, au contribuit la ceasta carte.

Dr. Lucia Tudosa Fundureanu
Sacramento, CA

Cuvânt înainte

Lucia Tudosa, născută Fundureanu pe 12 noiembrie 1948 în Timisoara, România, din părinți ardeleni. De mică a fost educată conform principiilor biblice, ambii părinți fiind creștini, împlinitori ai Cuvântului sfânt, lăsat nouă de însuși Fiul lui Dumnezeu, întemeietorul Bisericii.

Tatăl, Gheorghe Fundureanu, a fost învățător. El a fost și cel ce i-a oferit primele cunoștințe în slova cărții, în matematică, istorie, geografie. Om calm, calculat, econom, dedicat meseriei pe care a profesat-o până la pensionare, a educat multe generații, sădindu-le în inimi datoria de a munci dar și obligația de a-L sluji pe Creatorul Universului, deși condițiile politice interziceau cu desăvârșire educația religioasă.

Mama, model de credincioșie, corectitudine, dragoste de familie, de aproapele, de toti oamenii, era foarte exigentă cu cei trei copii - Elena, Gelu și Lucia - mezina familiei, copil retras, tăcut, ascultător, respectuos, silitor la învățătură și deosebit de fină și atentă față de obligațiile ce-i reveneau în cadrul familiei.

Modestia, sinceritatea, dragostea pentru Isus au ajutat ca această familie să depășească cu succes obstacolele unei vieți plină de privațiuni. Cei trei

7

copii au absolvit liceul, facultatea, devenind - profesoară, inginer şi doctoriţă. Lucia a absolvit Facultatea de Medicină din Cluj, a fost numită să-şi exercite meseria de medic generalist la Galaţi. S-a căsatorit şi a primit de la Domnul două fiice care îl urmează pe Isus împreună cu mama lor, trăind actualmente în SUA.

Încă din perioada liceului, Lucia îşi încearcă tainic condeiul în compunerea unor versuri dedicate Domnului, distinse prin dragostea şi solemnitatea rostirii, pe care le recită în biserica penticostală din cartierul Fabric, iar pe parcursul vremii, momentele de fericită inspiraţie şi adâncă intuiţie a specificului artei sale, i-au dictat o poezie ce a cucerit sufletele auditoriului prin comuni-cativitatea şi varietatea formelor - clasică sau modernă - o poezie care acum a ajuns la expresie originală prin armonia deplină a formei clare cu conţinutul său de lirism obiectivat. În acest volum care cuprinde o vastă tematică - de la "Creaţiune" la "Răpire", Lucia Tudosa se afirmă ca o adevarată personalitate originală în care a fructificat dragostea, respectul, veneraţia pentru Dumnezeu, până la limitele superioare, fixând o viziune şi epuizând o sursă creatoare.

Consider că poezia sa, se poate transmite societăţii nu ca un ansamblu de motive sau realizări formale, nu ca posibilitatea unei influenţe directe, ci la un mod mai general, ca valoarea unei experienţe creatoare, pe deplin grăitoare atât prin mesaj cât mai ales prin părţile ei de lumină. Echilibrul sufletesc al poetei e acela al unei cumpene foarte sensibile. Elanul afirmat cu consecvenţă, cedează uneori în faţa tristeţei, crezându-se un suflet fără armură, uşor vulnerabil - dovadă a unei vieţi de opresiune socială, de traumatisme sufleteşti, aşa cum am notat în cadrul sumarei biografii.

Suferinţa sa îşi are sursa în împrejurări externe, vitrege, care nu o duc la justificări terestre, ci o înalţă spre sfere cereşti, de unde nădăjduieşte a avea binecuvântarea. Ea îşi filtrează durerea, neimplinirea, boala, în versuri care constituie o culme a creaţiei sale, sigură fiind că aceste versuri vor îmbogăţi, ca un geamăt neogoit şi înlăcrimat, simfonia vieţii, deşi speranţa în promisiunile Domnului nu piere, ci devine un impuls interior către împăcarea deplină, contopirea totală cu Cerul. Mai mult chiar, se pare că asistăm la o confruntare decisivă între propria-i suferinţă şi cea a semenilor, aceasta din urmă apărându-i mult mai întemeiată şi de o reală gravitate.

Poeziile despre cei aflaţi în suferinţă, conturează expresiv aria sensibilităţii sale acute dar duioase, înţelegătoare, întrucât ea însăşi suferă, ştiind că "harul Domnului îi este de-ajuns". Iar când deznădejdea este gata de a copleşi, dictonul "Nimica nou nu e sub soare" şi versurile care îl consacră pe Creator ca omniprezent, omniscient, atotputernic şi perfect, îi reînoiesc forţa, rezistenţa, îi dau puterea să aştepte decizia Suveranului

Suprem - care S-a jertfit, ridicând păcatul lumii și pe care Îl așteptăm să ne ridice la El. Versurile subliniază această nădejde a fiecărui credincios care se străduiește să valorifice timpul în rugăciune, în intimă conversație cu Isus, pentru ca în final, să încheie cu versul ce îndeamnă la legământ cu El, pentru a-L preamări în cântări de slavă, a-I da onoarea cuvenită.

Consider că aceste versuri - înmănuncheate într-un volum - vor reuși să convingă cititorii că "există iad" și "există rai", ca există "a celor credincioși sfântă răpire" într-un pământ nou, că mormântul nu înseamnă sfârșitul, ci abia acolo incepe - viața veșnică - fie cu Isus în raiul Său, fie cu Satan, în chin veșnic. Dumnezeu nu obligă, El lasă libertatea alegerii, "ce semeni, aceea culegi". Părăsiți "mânia, desfrânarea, zgârcenia, lăcomia, ura și minciuna" care "coboară în iad pe totdeauna", cultivați "umilința, înfrânarea, adevărul, cumpătarea, dragostea, blândețea, dărnicia", venind cu un îndemn final, concluzionând "acestea te vor urca în slăvi cerești", deci "caută calea care urcă, nu coboară".

Prof. Ortansa Radu

Timișoara

* * *

Mi-atârnă timpul greu în plete
Şi-n ape-nvolburate-l despletesc
'L-mpart în ani
Şi-atunci cu sete
Ce-am despletit mărunt, se despleteşte
În luni
Şi săptămâna-n zile
Şi timpu-ntreg eu îl clipesc.

* * *

LINIŞTEA ALBASTRĂ

In liniştea albastră care-mi cântă,
Cu astre nevăzute şi topaz,
Simt vântul tremurând mirat pe frunte,
Rupând târziu în mine acea punte,
Ce-mi trimitea fantome şi necaz.

Stau şi privesc în urmă, frunze rupte.
Din ceasul zdrenţuit doar ore curg.
Din anii mei, culeg doar feţe supte
Dureri tăcute, lacrimi, buze mute.
Însă lumini mai stăruie-n amurg.

Mă-ntorc. Din boabe meşteresc un lacăt
Să-nchid acum durutul meu suspin.
Orice durere, greul, are-un capăt!
Fantomele le-nec în cruda apă,
Şi liniştea albastră-i un alin.

AM PROMIS

Mi-aduc aminte c-am promis,
Să nu te părăsesc nicicând.
Un "Petru" mic ce s-a decis
Să Te urmeze orişicând.

Dar vai! De frică apucat;
Ce laş, ce mic m-am potrivit
Şi am negat şi-am blestemat
Şi slugile m-au umilit.

La colţul casei m-am ascuns;
Cântă cocoşu-ntâia oară...
Şi hainele de frig le-am strâns,
Şi cântă iar, a doua oară.

O, Doamne! Ochii Tăi cei trişti,
Priviră pumnii mei nebuni.
Şi n-a trebuit ca să insişti
Că-n valuri urcă plânsu-acum.

O! Laşitatea-amară e
Şi amar e plânsul meu în frig.
Căci am pornit cu dragoste
Şi n-am ştiut c-o să mă sting.

Dar Tu eşti Bun şi iertător
Cunoşti în toate omul slab.
Tu, Bunul meu Invăţător,
Tu ştii că-mi eşti atât de drag.

Oiţe, oi şi mieluşei
De Tu îmi dai ca să îi pasc
Cu ochii Tăi privind pe-ai mei
Eu am să ştiu că m-ai iertat.

CRIZA DE LOMBOSCIATICĂ

Să fac un pas?
                Nici pomeneală.
Să mă aplec?
            E un coşmar.
Să mă îndoi?
                Ce îndrăzneală.
Să mă ridic?
            E în zadar.

De mă tratez cu infiltraţii,
Sau de ce nu, cu-acupuncturi,
Mă-ndrumă-n pat la meditaţii,
Reţete vechi şi rugăciuni.

CE SUNT EU?

Doamne, ce sunt eu pe harta Ta?
Tu mă vezi? mă ştii? am nume?
Nici fir de nisip, nici stea...
Nu sunt, nici măcar o floare.
Ci o inimă ce doare
Şi-un cuvânt ce multe spune.

Doamne, cum mă vezi privind de sus,
Molecule-mprăştiate?
Dar iubirea lui Isus
Ce le-a adunat în palmă,
Le-a-nchegat cu a Sa rană.
Am un nume fără moarte.

Doamne, cum voi fi, când sus în cer
Inimă, cuvânt şi nume,
Molecule ce nu pier...
Tu la pieptu-ţi le vei strânge
Şi-mi vei spune-atunci pe nume:
-Fiica mea nu vei mai plânge
Bine ai venit din lume.

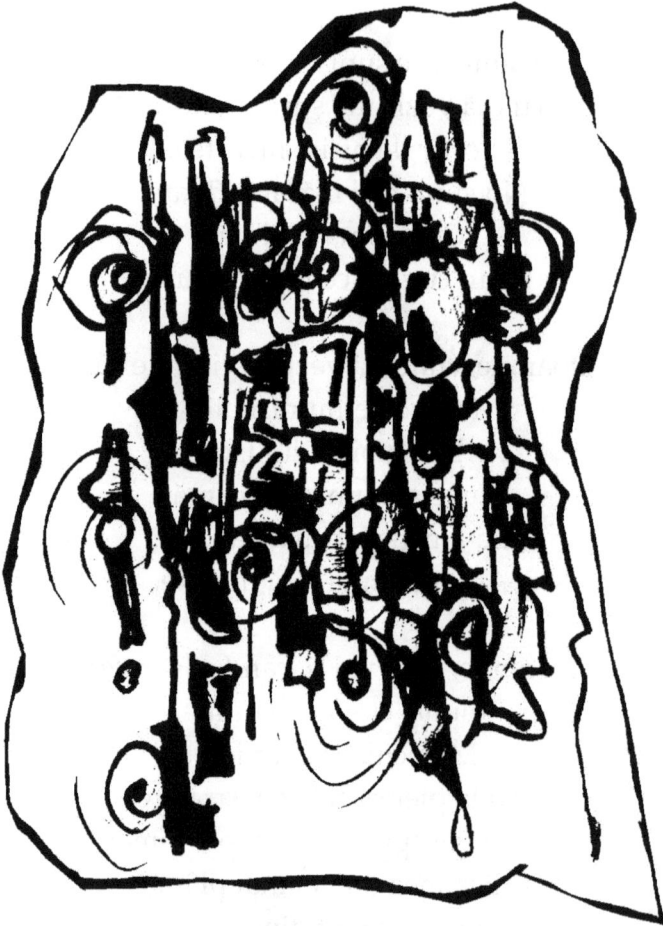

18

SPRE NELI, PRIETENA MEA, DUPĂ 17 ANI DISTANŢĂ

Cu-nfrigurare strop de cer,
Şi strop de lacrimă şi nor
Albastru cald şi verde şi piper
Trăiam ca foc mistuitor.

Disting şi nu disting câmpii
Şi ape mari şi doruri vii
Şi lacrime ascunse în priviri,
De dorul când eram copii.

Cărunt şi blond ca într-un joc
Pian şi voce şi picturi
Desfac şi le adun iar la un loc,
Încheg acuma un contur.

Pe clipe ninse-oi desluşi
De-am fost uitat... am fost dorit.
Şi lacrime atunci nepotolit
Vor spune tot ce n-am grăit.

NUMELE DOMNULUI

O dimineaţă clară s-a deschis
Cu Moise treaz pe muntele Sinai
Şi-aşa cum Dumnezeu a poruncit
El aşteptă s-audă sfântul grai.

Şi Dumnezeu s-a pogorât din nor,
Pe înălţime ca un foc arzând.
Înfricoşatul foc mistuitor
Numele Domnului cel Sfânt rostind:

"Dumnezeu e plin de îndurare
Milostiv şi plin de bunătate;
Dragoste, credincioşie are;
Iartă răzvrătiri, iartă păcate;

Încet este la mânie Domnul.
Dragostea şi-o ţine-n mii de neamuri.
Pe dreptate în veci îi stă tronul.
Vântul suflă pe-ale păcii ramuri.

Însă care-i vinovat, să ştie
Drept nevinovat nu-l socoteşte.
Până-n trei sau patru neamuri fie
Făr'delegea-n ei se pedepseşte."

Moise tablele-a luat în mână
Şi-nfricoşat se-nchină la pământ
Măreţia Domnului rămână
Săpată-n piatra - Sfântul Legământ.

Dar peste veacuri, iată: altă zi.
Un Fiu de Dumnezeu se-nchină
Şi dragostea-mplinită-n pietre vii
Ne-aduce pace şi lumină.

Căci uite: legea-nscrisă-n pietre seci
Pe Golgota fu sfărâmată
Şi sângele ce-a curs pe-al crucii lemn
Ne-a dat iertarea fără plată.

ADEVARATUL POST

Isaia 58

La ce mi-ar folosi când sunt Părinte,
Ca tu sărman copil să-ți chinui viața
Postind, spre-a-ți împlini ruga fierbinte
La ce mi-ar folosi să-ți sluțești fața?

Ascultă dar, ce-mi este plăcut Mie:
Desleagă ale răutății lanțuri,
În suflet poartă o nădejde vie;
Și îngrijește cel căzut prin șanțuri.

Cu cel flămând tu pâinea ți-o împarte,
Pe cel nenorocit adu-l în casă;
Pe cel bolnav, tu nu-l lăsa deoparte.
Fă totul cu o inimă voioasă.

Tu scoate orice ghimpe de mânie,
Iar inima iubească pe oricine.
Și să dispară orice viclenie.
Și-l vei cunoaște pe cel rău când vine.

Iar celor asupriți tu dă-le drumul.
Alungă vorbele de-ocară rele.
În ziua de sabat să nu-ți faci gustul.
Dă slavă Domnului în toate cele.

De tu vei asculta sfatul acesta,
Lumina ta va răsări ca zorii,
Neprihănirea-ţi merge-va 'nainte
Şi slava sfântă-mprăştia-va norii.

Va încolţi degrabă vindecarea,
Şi săturat vei fi în locuri sterpe.
Căci Domnul tău va auzi chemarea
Şi nu te va lăsa să-ţi fie sete.

Atunci, tu vei chema, iar El răspunde;
Tu vei striga şi El va zice: Iată!
Puterea-n mădulare-ţi va pătrunde,
Primi-vei pacea binecuvântată.

Vei fi ca un izvor a cărui ape
Nu seacă având ape bune
Ai tăi zidi-vor dărâmări lăsate
Vei ridica iar temeliile străbune.

Da. Te vei desfăta pururi în Domnul
Necontenit, pe El de tu cinstit-ai.
Voios culege-vei tu muncii rodul,
Căci iată gura Domnului vorbit-a.

RUT - CREDINCIOŞIE

Nu sta de mine să te las
Şi de la tine să mă-ntorc.
Oriunde-ar merge al tău pas
Eu te-oi urma chiar de-o să mor.

Şi unde tu vei locui,
Va fi şi casa mea de-acum.
Credinţa mea-ţi voi dărui
Nu spune nu, te rog, iţi spun.

Nu-mi cere cumva să te uit
Iubirea mea este pe veci.
Nimic nu fi-va mult prea mult
Şi nu-s puteri să mă opreşti.

Iar Domnul tău, va fi şi-al meu
Poporul tău, am să-l adopt
Şi facă-mi Domnul ce-a voi,
Căci a te părăsi nu pot.

SIMT CHEMAREA

Şi către cer eu simt chemarea
Plutind pe stropi de nori şi nea
Disting prin timp din cer cântarea
Şi pentru teamă, Doamne, simt uitarea
Şi-n suflet, aurul din stea.

Ca porumbeii care zboară
Spre porumbarul lor dorit
Ca razele ce se-nfioară
Şi printre frunze tainic se coboară,
Să-nvăluie tot ce-a iubit,

Raspund chemării catre Tine
Şi trup Şi duh şi intelect,
Şi-astfel cunosc Supremul Bine.
Condu-mă Doamne catre Tine,
Spre Isus Omul cel perfect.

RUGĂ DE MAMĂ

Copiii mei, Ţie Ţi-i dau.
Ca mâini de Dumnezeu să îi păzească
Şi de-o fi foc, sau ape mari,
Puterea Ta să-i ocrotească.

De-o fi cutremur să-i păzeşti;
Şi nor şi grindină şi geruri grele.
De oameni răi să-i ocroteşti,
De furt, minciuni, de orice rele.

Mânii şi scârbe nu-i lăsa;
Nici drumuri vinovate. Niciodată.
Condu-i mereu cu dreapta Ta,
Pentru-a iubirii sfinte fapte.

Muncească-n fiecare zi;
Iar rodul muncii fie-o bucurie
Căci niciodată n-or huli
Nici n-or uita de veşnicie.

Minte-nţeleaptă să le dai,
Iar trupul sănătos, robust, să fie.
Cu gânduri sfinte către rai,
Cu-a mântuirii bucurie.

Mă rog în fiecare zi;
În fiecare ceas, şi-n orice clipă.
Mă scol în rugă-n zori de zi,
Mă rog pe-a somnului aripă:
Copiii mei, Ţie ţi-i dau,
Ca mâini de Dumnezeu să îi păzească.

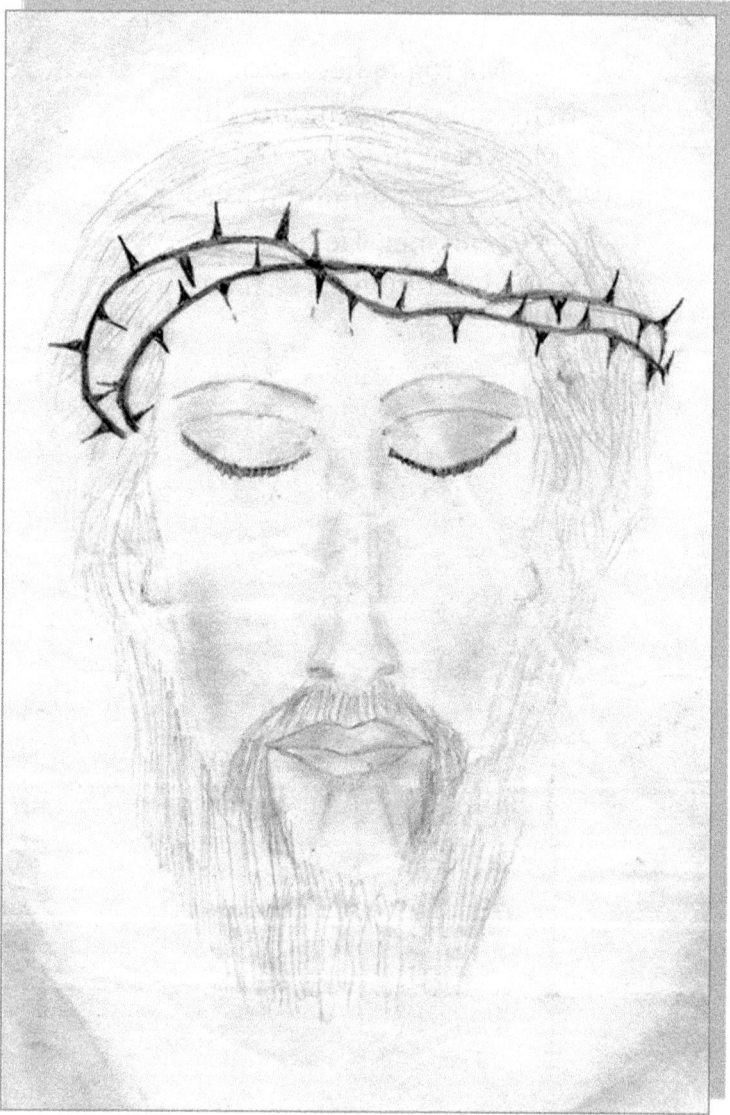

RUGACIUNEA LUI ISUS PENTRU UCENICI
Ioan 17

Ridicând seninii-I ochi spre ceruri
Glasul sfânt Isus şi-a înălţat:
Tata proslăveşte-mă de-a pururi
Ceasul Meu acum s-a terminat.

Fiul Tău ce L-ai trimis în lume,
Viaţă veşnică să dea de sus
Eu sunt Cel căruia-l se supune,
De la răsărit, pân-la apus.

Şi viaţa veşnică e-aceasta:
Să Te ştie Unul Dumnezeu,
Şi pe Mine toţi să Mă cunoască,
Fiul Tău ca Fiu de Dumnezeu.

Eu Te-am proslăvit aici pe pământ
Şi lucrarea dată am sfârşit.
Proslăveşte-Mă la Tine cu,
Slava ce-o aveam în infinit.

Numele-Ţi vestit-am celor care,
Mi i-ai dat din lume-ai Tăi fiind
Ei cuvântul Tău cu-nfiorare
L-au crezut, păzit, ca cel mai sfânt.

Şi le-am dat cuvinte de la Tine.
Ei primit-au şi au cunoscut
Cu adevărat Supremul Bine:
Că-s trimis de Tine au crezut.

Pentru ei mă rog. Căci mi I-ai dat Tu.
Sunt ai Tăi şi deopotrivă-ai Mei.
Să-i păzeşti din tot înaltul,
Una noi; şi una fie ei.

Când eram pe val cu ei în lume,
Ii păzeam Eu, în Numele Tău.
Şi doar unul a pierit în spume
Al pierzării fiu, al celui rău.

Dar acuma Tată vin la Tine.
Şi aceste lucruri lor le spun:
Vreau să aibă bucurii depline.
Mă-nchin Ţie. Ţie mă supun.

I-am învăţat şi lumea i-a urât,
Ei nu mai sunt ai lumii-acuma.
Ci sunt ai Mei, cum Eu al Tău sunt
Sfinţeşte-l pentru totdeauna.

Păzeşte-i Tată de cele rele
Dar nu te rog să-i iei din lume.
Şi haina-n adevărul Tău s-o spele,
să caute-n pace, cele bune.

Iar ruga Mea nu e doar pentru ei.
Şi pentru cei ce cred în Mine,
Prin vorba lor rostită cu temei,
Şi separa-vor rău de bine.

Tată vreau c-acolo unde sunt Eu
Şi cei ce mi i-ai dat să fie.
Să vadă slava Ta de Dumnezeu
Şi să trăim o veşnicie.

PACE CELUI DE-AICI ŞI CELUI DE DEPARTE

Isaia 57

Nu vreau în veci a mă certa cu omul,
Când înaintea Mea cad duhuri în leşin
Ci suflete ce le-am creat şi totul,
Nu vreau cu mâna Mea, în veci să le-nstrăin.

Din pricina păcatului lovit-am,
Şi în mânie faţa de el mi-am ascuns.
Dar răzvrătitul drumul lui urmat-a,
Pe calea inimii de rău adânc pătruns.

Atuncea spus-am în marea-Mi iubire,
Căci totuşi rănile îi voi tămădui
Celor ce plâng cu El, le voi da mângâiere,
Pe căi alese-n veci îi voi călăuzi.

Şi lauda sfintei bucurii voi pune
Cu drag în inimă s-o poarte
Şi Eu voi fi Acela ce va spune:
Pace celui de-aici, celui de departe.

LINIŞTE

Murmur stins de seară
Către Domnul se ridică
Degete şi ochi şi buze, iară
Verbe mari fac să apară,
Din cămara cea mai mică.

Taci şi-asculţi pe Domnul
Susur blând în stropi de pace
Nu-ţi va tulbura nici cânt, nici somnu',
Căci în susur blând e Domnul,
Izgonind frica rapace.

Fă acum tăcere.
Firul ierbii-auzi cum creşte.
Şi în susur blând, ca o părere,
Domnul este mângâiere
Şi la pieptu-I te primeşte.

PRICEPEREA ŞI ÎNTELEPCIUNEA
Iov 28

Unde-şi are priceperea casă?
Dar înţelepciunea unde se găşeşte?
Oare unde înţelepţii tainic se adapă?
Unde oare mintea se înţelepţeşte?

Ochiul de vultur nu i-a zărit calea.
Şi fiare trufaşe n-au călcat pe ea.
Valul ce se-nalţă şi scormone-n adânc marea,
Se zbate, şi n-are ca un răspuns să dea.

Omul nu-i ştie nici preţ, nici valoare.
Ea nu se găseşte în glia celor vii.
Onix sau safir, diamant sau mărgăritare,
Nu se cântăreşte pe aur din Ofir.

Mărgeanul şi cristalul nu sunt nimic
Topaz din Etiopia nu e ca ea.
Nu poţi cumpăra înţelepciunea pe preţ de-argint.
Aurul curat nu-l preţuieşte cu ea.

De unde vine-atunci înţelepciunea?
Cămara priceperii unde-o găseşti?
Ascunsă-i de ochii celor vii pe totdeauna.
Nici păsările cerului nu o zăresc.

Şi moartea şi adâncul pot spune-n zori:
"Vorbindu-se de ea, noi mult am auzit
Şi Domnul ce pluteşte pe heruvimi şi nori,
Le ştie casa; că-n taină le-a rânduit."

Şi-acuma Domnul curat îţi va spune:
Prin soare şi ploaie, tunet şi tăcere.
Iată: frica de Domnul este înţelepciune,
Depărtare de rău este pricepere.

SFÂNTUL CREDEU

Noi credem în sfintele Scripturi,
Scrise prin inspiraţie divină.
Şi-un singur Dumnezeu în trei Făpturi
Prin Tatăl, Fiul, Duhul Sfânt, El se exprimă.

In Domnul nost' Isus noi vedem,
Cuvântul întrupat în trup, prin care
Şi pentru care-au fost create, credem,
Cele ce sunt în univers, Sfânta lucrare.

În naşterea Lui din fecioară
Şi-n viaţa Lui umană făr'de prihană.
În moartea Lui de iad ispăşitoare,
Şi-n înălţarea Lui la cer, cu multă slavă.

Revine-n glorie şi putere
Şi credem c-o mie de ani va domni
Va fi atunci, ştiţi, prima-nviere
Şi sfinţii Domnului veşnicia-or moşteni.

Nemântuiţii-n iad vor merge,
Un iaz de foc ce arde-n veşnicie.
Iar numele din Carte se vor şterge,
Fiind despărţiţi de Dumnezeu o veşnicie.

Există iad, şi rai există.
Şi-a celor credincioşi sfânta răpire.
La Tronul alb, da, toţi se prezintă.
Căci Dumnezeu este dreptate şi mărire.

Va fi un cer nou şi-un pământ nou.
Şi cele noi fiind, vor dăinui mereu.
Pace va fi-n Ierusalimul nou.
Aşa noi credem, acesta e Sfântul Credeu.

PESCUIREA MINUNATĂ

Cu haine ude, frig în larg,
Cu mreje goale şi-obosiţi,
Ei barca către ţărm o trag,
Să plece-acasă ne-mpliniţi.

"Voi ceva de mâncare-aveţi,
Copiii mei, copii iubiţi?"
"O, Doamne, oare Tu nu vezi,
Peşte n-am prins. Suntem trudiţi."

"In partea dreaptă aruncaţi
Mreaja cea goală, şi-o trageţi
Spre larg uşor să-naintaţi
Şi peştii-n barcă-i aduceţi. "

De greul peştilor mulţimi,
Se-nclină barca uşurel.
Şi zvârcolind după mărimi
N-a mai rămas vre-un loc de fel.

"Copiii mei, hai de prânziţi.
Pe jar am fript peşte acum,
La focul cald să vă-ncălziţi,
Vă odihniţi de-al nopţii drum."

Şi Petru se-ncinge rapid,
Căci focul arde-n pieptul lui.
Şi-l arde dorul, dor cumplit
Şi-i fericit cum nimeni nu-i.

ÎN LINIŞTE

În linişte ascult o frunză
Şi-un fir de iarbă care creşte.
Aud şi-a apei lină undă
Şi unduirea unui peşte.

In linişte confrunt păcatul
Şi bătălia-i biruinţă.
Şi gândul meu, spre cer, înaltul,
Născut din mută suferinţă.

Şi când te chem doar din privire,
Eu tac şi-ascult ce vrei a spune.
Plecat în sfânta umilire,
Susurul blând îmi va raspunde.

Aşa făcutu-m-ai pe mine
Şi-n cer am să dezleg misterul:
În linişte să-mi fie bine
Să mă cuplez tăcut cu cerul.

SUPREMA BUCURIE

Când poţi să dai unui flămând o pâine
Sau poţi chema un mic orfan la masă,
Când poţi s-ajuţi un necăjit şi mâine,
Şi de necazul lor iţi pasă,

Când verdele de brad te fascinează,
Şi te uimeşti privind la o cascadă,
Când un frumos apus te -naripează,
Or, te uimeşte fulgul de zapadă.

Sau de sădeşti cu bucurie pomul;
Şi-un ciripit de păsări te încântă,
Şi cauţi să înţelegi ce este omul,
Şi-nvidia, nicicum, nu te frământă.

De inima ţi-e plină de iubire.
Blândeţea, bunătatea îţi e ţelul,
Aceasta e suprema bucurie!
Astfel să ştii că te-ai cuplat cu cerul!

DULCE POEZIE

Duh de-a scrie,
        Dulce poezie,
Peste mine trece,
        Dulce se petrece,
Ca un vânt ce-adie
Prin împărăţie,
        Dulce poezie.
Doruri mă alină,
Cântec îmi îngână,
Să mă-nalţ din tină,
Norii să mă ţină,
Să beau din lumină.
Din lumină grea,
Şi să fiu o stea.

IOAN BOTEZATORUL
Matei 11

In celulă singuratic,
Sta profetul meditând:
A vestit împărăţia,
A fost focului solia
Si-acum, moarte aşteptând,

Sigur vrea acum să fie,
Isus vine din înalt?
E Mesia din vecie,
Din cereasca-mpărăţie,
Este-Acela aşteptat?

Şi-a trimis pe-ai săi să-ntrebe:
Eşti Tu Cel mult aşteptat?
Sau să aşteptăm pe altul
Ce-l trimite din înaltul,
Dumnezeu Prea Adorat?

Domnul blând atunci le spune:
La Ioan Eu vă trimit,
Ce-aţi văzut puteţi a-i spune.
Surzii-aud şi-ţi vor răspunde
Muţii glasul şi-au primit,

Orbii şi-au primit vederea
Şi mulţi morţi au înviat.
Slabii-şi capătă puterea
Şi săracii Evanghelia
De la Cel mult aşteptat.

Iar Ioan este acela;
Înaintea Mea trimis,
Cel ce-mi pregăteşte calea,
Curăţind cu grijă aria.
E Ilie cel promis.

In celulă singuratic,
Sta profetul meditând.
A vestit împărăţia,
A fost focului solia,
Si-acum, moartea asteptând,

A primit în dar răspunsul
La-ntrebare chinuit.
Domnul Isus este Unsul,
Hristos ce va fi străpunsul
Mesia ce-a fost promis.

Îndoieli când te-or cuprinde,
Poţi să-ntrebi, nu-i un păcat.
Dumnezeu iţi va răspunde,
Cu lumina-i te-a pătrunde.
Vei fi binecuvântat.

REFLECŢIILE UNUI MEDIC

Iţi mulţumesc că astăzi n-am migrenă
Şi-Ţi mulţumesc că am două picioare.
Iţi mulţumesc că văd oricum lumină,
Şi pot deosebi oricând o floare.

Când număr degetele pân-la zece
Şi când auzul sigur mă-nsoţeşte,
Atunci inima cu respect petrece,
Se-nchină Ţie şi iţi mulţumeşte.

Când pielea mea-i normală şi miroase
Când pot s-o spăl, sau las să se bronzeze,
Şi nu-i nevoie doctorii s-o coase,
Atunci pe Domnul binecuvânteze,

Şi limba mea şi corzile vocale,
Cu sunete înalte, sau mai joase.
Şi glasul meu ca sunet de chimvale
Cu mulţumiri din cele mai frumoase.

Şi dacă inima ca un ceasornic
Mai bate, ajutată de pastile,
Îţi mulţumesc Isus din cerul veşnic
Că încă mâna Ta, mă ţine.

Şi când plămânii mei aer respiră,
Mai sănătos, sau uneori mai greu chiar,
Ştiu bine că acel care transpiră,
Are viaţă. Viaţa dată-n dar.

Când vre-una dintre boli te copleseşte
Şi deranjat, distrus, începi să murmuri,
Sa ştii că altul mai greu se chinuieşte,
Căci pe acest pământ, avem şi chinuri.

Nu toate-s roze-n viaţa noastră
Şi nu avem belşug de sănătate.
Dar bine ştim că Domnului îi pasă
Şi ne-nsoţeşte-n orice situaţie.

Să ştii tu că, deplina sănătate,
Nu e al sfinţeniei certificat.
Şi chiar de am trăi pe aparate,
Cu Domnul suntem binecuvântaţi.

Să-ţi numeri binecuvântările azi,
Cu ochelari, baston şi cu pastile.
Şi mulţumire Domnului să-nalţi,
Auzi şi vezi, te mişti, e foarte bine.

COŞMAR

Ce mică-i lumea şi rotundă.
Şi aţe, noduri se-mpletesc,
Se împletesc şi se confundă.
Se despletesc, te-nebunesc.

Dezamăgiri, pahar de-otravă,
Crâmpei de vise-n paralel;
Amar... cu faţa lui suavă.
Şi hâda-i faţa... e la fel.

Dar tremurând închis-am uşa.
Eu vreau să uit acest coşmar.
Şi-mi sterg cu grijă faţa plânsă,
Căci vine pacea ca un dar.

NU TE ÎNGRĂŞA

Nu te îngrăşa Marie,
Că nu-i nici-o bucurie.
Burta mare tu de ai,
Ai să dai de vai şi bai.

Cu slănini de te-nveli,
Inima ţi s-a opri.
Treci te rog, la pătrunjel,
Morcov crud şi dovlecel.

Mere şi cu portocale,
Fără porc, cârnaţi, sarmale.
Peşte poţi să ai la masă,
Că acela nu te-ngraşă.

Dulciuri, junk food dacă ai,
Dă-le şi tu la duşmani.
Nu-ncerca să treci măsura,
Că acuşi te dau de-a dura.

EPIGRAME

UNUI PĂSTOR CUNOSCUT

Cuvântul tău să nu-ntristeze
Şi vorba ta, să nu alunge.
Căci oile nu ştiu să muşte
Şi-o oaie nicicând nu împunge.

Ci mai degrabă vorba dulce,
Fie ca oaia s-o cunoască.
Căci vorba dulce, oi aduce,
Ca în păşunea ta să pască.

*

UNUI PESCAR

Nu socoti la alţii peştii.
Nu studia de ce îi au.
Ci, cum de pleacă, ca drumeţii,
Şi-n lacul tău, de ce nu stau.

*

UNUI PĂSTOR PREA-SĂNĂTOS FIZIC

Biserica nu-i un spital
Cu doctori, soră medicală.
Şi-aicea tu, dreptate ai.
Dar poate fi un colţ de rai,
Când dragoste şi alinare dai
Şi limba nu-i un bici ce-omoara.

*

UNUI PREDICATOR CARE NU VREA SĂ PREDICE NICI DE PAŞTI, NICI DE CRĂCIUN, NICI DE REVELION, NICI DE... JOI

Şi pentru-o oră-ţi pare rău
Că ne-mparţi hrana din scriptură?
Întreabă-l dar pe Tatăl tău
Când te-a făcut copilul Său,
N-a stat cu ochii pe ceasornic.
Când ţi-a dat har fără măsură.
Şi Lui îi eşti acum datornic.
Şi n-ai nimic ce-i doar al tău.
Tu nu eşti, decât creatură.

ÎN LOC DE CONCLUZII

De cumva supărare pui
Pe limba ta cea ascuţită,
Eu doar atâta iţi mai spui:
Cu supărare-n rai nu sui;
Insulta, vorba rea, în ceruri nu-i,
Ci numai firea îmblânzită.
Şi placă-ţi pastore, cuvântul meu,
Că eu iţi sunt adept şi-ţi sunt oiţă
Eu nu-ţi doresc, nicicum, vre-un rău
Căci martor mi-este Dumnezeu,
De aceea scris-am din peniţă.

*

ŞAPTE PĂCATE

Haide să enumăr şapte,
Dintre cele mari păcate:
Voi începe cu mândria,
Care-ncepe coborârea.

Desfrânarea-i altă treaptă,
Ce spre iad sigur te-ndreaptă.
Hai să-ţi spun că nici zgârcenia,
Nu-i comună cu sfinţenia.

Lăcomia, ce păcat e.
Înspre iad ea te îndreaptă.
Nici mânia nu te lasă
Să mai stai pe-o treaptă-naltă.

De urăşti pe al tău frate,
Ai mai coborât o treaptă.
De iubeşti cumva minciuna,
Vei sta-n iad pe totdeauna.

De vei renunţa la toate,
Vei urca treaptă cu treaptă:
Umilinţa, înfrânarea,
Adevărul, cumpătarea,
Dragostea şi cu blândeţea,
Dărnicia de-mplineşti,
Vei urca spre slăvi cereşti.

DREPTUL DE A ALEGE

E dreptul tău ca să alegi
Între alb şi între negru.
Pe ce cărare vrei să mergi.
Să fii stricat, să fii integru.

Cât vrei să lucri, sau să dormi;
Analfabet, sau să înveţi.
Frumoase lucruri să adori,
Sau, cu urâtul să te-mbeti.

Tu poţi s-alegi să spui minciuni,
Sau adevărul să trăieşti.
Comoară pentru cer s-aduni
Şi ca o stea să străluceşti.

Tu firea poţi să ti-o îmblânzeşti,
Sau, mânios să fii mereu.
În tină să te bălăceşti,
Sau, să te-nalţi spre Dumnezeu

Frumoasa floare s-o iubeşti,
Sau, s-o striveşti nepăsător.
Pe Domnul tu poţi să-L urmezi,
Sau, poţi să fii defăimător.

Tu poţi s-alegi să fii noroi,
Sau, să fii stea, să străluceşti.
Căci este-o viaţă de-apoi,
Ce semeni, aia-i să culegi.

Ai viaţa-n faţă. Poţi s-alegi,
Între lumină şi-ntre chin.
Pe calea dreaptă de-ai să mergi,
Vei fii cu Dumnezeu. Amin!

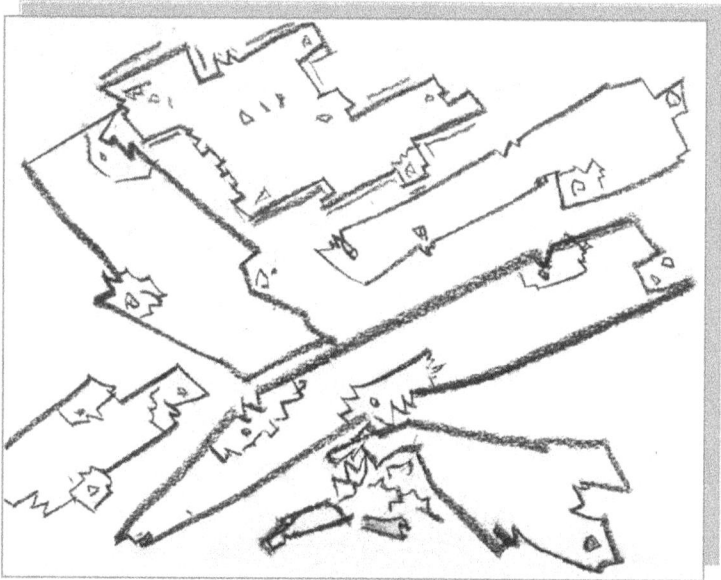

NU MAI STA PE INTERVAL

"O, dacă ai fi rece sau în clocot...dar pentru că eşti
căldicel am să te vărs din gura Mea"

Dacă frunzele se-alină,
Dacă dorul meu se-mbină,
Între noapte şi lumină;
Dacă mă voi clătina.
Oare, cum mă vei ascunde,
De-am bolirea nedecisă,
Neacceptată şi proscrisă?

Intervaluri maladive,
Alb şi negru de le-mbină
N-au contur să le-ntreţină.
Ne-ntuneric, ne-lumină,
Nici nu dreapta, nici nu stânga,
Fără vină şi cu vină.
Vai, cui o să aparţină?

Că sunt oi, sau că sunt capre,
Grâul cu neghină-n parte,
Nu e viaţă, nu e moarte;
Toate sunt amestecate:
Frunze, flori şi broaşte hâde
Ţi-vine-a plânge, ţi -vine-a râde;
Dac-ai şti ziua de mâine.

Soare-n bălți neaerate,
Cu păianjeni case-nalte,
Sau castel cu geamuri sparte.
Vărsături cu nestemate;
Frumos cu urât de-mbină
Zilele când se termină,
Fi-va beznă, sau lumină?

Treci din interval pe-o cale
Ce doar urcă, nu coboară;
Nestemata tu o spală,
Fapta ta să fie albă.
Limpezește tu gândirea
Și albește făptuirea,
Alegându-ți mântuirea.

PESTE PUNTEA DE LUMINĂ

Peste puntea de lumină
Care îngerul mi-o-ntinde
Oare cum eu voi călca,
Ca în cer să pot intra,
Dacă mă voi clătina,
Şi la spini mă voi uita?

Cum păşesc prin ploi de stele
Tot călcând fricile mele
Şi ştergând lacrimi rebele?
Cum păşesc pe unde line,
Despărţindu-mă de mine
Să ajung Doamne la Tine?

Dorul meu clădit în Tine,
Mă va veşnicii în Bine,
Lăsând crucea mea în poartă
Sfinţii s-o ia la o parte
S-o transforme-n flori-lumină,
Despărţind vecii de tină.

Voi cânta atunci cu sfinții
Ce-au cântat, dragii, părinții,
Zbor de verbe melodioase,
Cânt de imnuri maiestuoase.
Și simțind că sunt acasă,
Te-oi slăvi neâncetat,
Doamne fii Tu lăudat.

HARUL MEU ÎŢI E DE-AJUNS

Mă rog şi plâng, o, sfinte Tată,
Ca azi şi mâini şi niciodată,
Nici neputinţe, nici dureri, nici junghi.
Să nu-şi mai facă-n mine casă,
Ci-n sănătate să mă-ascunzi.

E-aşa de greu când boala, chinul,
Îţi stoarce des din trup suspinul;
Nu poţi ca sănătoşii să alergi...
E ca şi cum, tu numai spinul,
Din roze mândre poţi s-alegi.

Şi când ceream să-mi ia frecuşul,
Că tare-i greu spre cer urcuşul,
Am auzit al Domnului răspuns:
Rămâne-va în trup ţepuşul,
Căci harul Meu, îţi e de-ajuns.

BUNAVESTIRE

Pe lângă sori, pe lângă stele,
Şi universuri răsărind
Ca şi şiraguri de mărgele
Pe lângă Căile Lactee
Eu văd Cuvântul veşnicind.

Îl văd acum, dar nu de-aproape,
Croindu-şi drum prin grele vremi.
Îl văd acum, prin sfinte ape
Şi punţi croind spre ceruri sacre,
L-acei ce Numele Îi chem.

Va cârmui vremi şi soroace
Regatul Său va dăinui
Lumina-I va aduce Pace,
Făcând iubirea să se-nalţe.
Frumseţea Lui va străluci.

Îl văd acum, şi-L văd prin veacuri.
Cuvânt, Lumină şi Senin.
Şi văd şi norul Său de martori
Şi-aud şi cântecele-n valuri.
Şi-albastrul cerului deplin.

FIICEI MELE PATRICIA CARE SE CĂSĂTOREŞTE

Nu te gândi că scap de o povară.
Copilul meu, tu dragostea cea foarte mare.
Căci tu imi eşti a vieţii dragi comoară.
Şi pentru mine, tu, nu ai asemănare.

De-ţi este bine, viaţa mea-i cu soare.
Şi inima desigur, imi bate liniştit.
De mi se pare ceva că te doare,
Degrabă eu la tine, toţi îngerii trimit.

Nu este timp în viaţa-mi zbuciumată,
Ca gândul meu să nu te-atingă-ntruna.
Iubita mea. Prin mine-ai fost creată.
Şi eu şi Dumnezeu, te însoţim pururea.

ÎMI ARDE SUFLETUL

Îmi arde sufletul de jar
Şi ochii-mi umezi, sunt mereu.
Nu-ntrezăresc lumin-acelui far
Şi bâjbâi trist spre Dumnezeu.

Valuri mă poartă-n dans nebun
Şi siguranţa am pierdut.
Împrăştiate gânduri nu-mi adun,
De-ngrijorare parcă-s mut.

Aştept lumina-n zori de zi.
A câta strajă-o fi acum?
Prin colbul nopţii m-oi târâ...
Nu-i nici un om, târziu, pe drum...

O, Doamne! Ştiu că sunt un laş.
Şi hainele-s doar zdrenţe-acum.
Iar încălţările s-au rupt prin praf,
Credinţa-i risipită-n drum.

Tu toarnă-mi gânduri sfinte-n pumni,
Să sorb setos ca la izvor.
Uleiul sfânt în candelă să-mi pui.
Şi dă-mi balsam vindecător.

Lumină sfântă-n mintea mea,
S-adun ca perlele-n şirag.
Să zbor ca vulturul spre ţara mea
Şi Tu să mă aştepţi în prag.

Să-mi pui Cunună şi s-aduni,
Neşterse lacrime prin timp.
Cu veşnicia-apoi, să mă Cununi,
Cântând al bucuriei imn.

CÂND NELINIŞTI

Când nelinişti mă sufocă,
Şi îmi pierd curajul sfânt,
Când din pieptu-mi se disloacă,
Of-uri mari spre cer urlând.

Şi când cerul e de gheaţă
Şi îmi plouă cu tristeţi,
Când viaţa-mi e-o pedeapsă
Şi înot printre nămeţi.

Când a inimii bătaie,
E-o durere ca de plumb,
Când cu lacrime şuvoaie
Dimineaţa o înfrunt.

Când prin florile grădinii,
Nu aud decât suspin.
Rogu-Te Prinţ al luminii
Pleacă-Ţi ochiul Tău Divin.

Mă tratează cu iubire
Şi-nţelege omul slab.
Vindecă a mea rănire,
Mângâie-mă pe obraz.

Şi în zori de orice ziuă,
Viaţa Tu să mi-o deschizi.
Iar cu vocea Ta senină
Seara ochii să-mi închizi.

Somnul nopţii mi-l păzeşte,
Îngerii să-mi fie vis.
De păcat mă ocroteşte,
Lasă-mi pacea Ce-ai promis.

Şi apoi intr-o clipită,
Într-o clipă ca de vis,
Printre nori Tu mă ridică,
Către slavă-n Paradis.

Mă confundă cu Lumina
Şi aripi de zori să-mi dai.
Tu transformă, Doamne, tina,
Într-un strop mărunt de rai.

ADUNĂ-TE CU ÎNŢELEPŢII

Noroc că s-a stricat televizorul
Şi a-ncetat hrana pasivă.
M-am reântors să folosesc creionul,
Să-mi activez puţin şi neuronul,
Ce-ar fi să fiu mai selectivă?

Mă uit la ştiri, mai multe-s negative.
Modele- staruri, goi pe dinăuntru.
Sumare haine şi priviri lascive...
Modelul meu el vrea să fie?
N-am să mă las dus de căpăstru.

Ieşi, dar din larma generală,
Şi puneţi neuronii tăi la lucru.
În Biblie găseşti sfânta morală,
Şi-n cărţi de stiinţă, căutătorii-aflară
Înţelepciune, adevăr; ai să te bucuri.

Fii deci mai pretenţios cu tine-acuma.
Iar gustul ştii că se educă.
În viaţă trebuie să-nveţi întruna;
Nimicurile să le-alegi ca spuma,
Să te dezici de lucruri care spurcă.

Adună-te mai bine cu-nţelepţii.
Citeşte cărţi de-nţelepciune.
Programelor fă-le dure selecţii.
Fă-ţi timp s-asculţi iarba cum creşte.
Acestea-s căi de-urmat! Şi-s bune!

NIMICA NOU NU E SUB SOARE

Nimic din tot ce se petrece,
Nimic din ce e-n univers,
Nimic nu se petrece-orbeşte,
Căci Tu cunoşti al lumii mers.

Cunoşti când soarele răsare
Şi când apune, ne-ndoios.
Tu vezi şi norul ce e-n zare
De-i linistit sau furios.

Tu stii şi vântul ce şopteşte.
Şi când adie şi când bate.
Şi floarea mică ce uimeşte,
Potecile ce-s neumblate.

Tu ştii de stânca arsă-n soare.
Sau orce peşteră-n adânc.
Şi vezi, ce nu se vede-n zare,
Cunoşti al mărilor frământ.

Cunoşti sorocul căprioarei
Când trebuie să nască pui.
Tu-ai dat glas privighetoarei,
Şi susurul izvorului.

Tu vezi şi-o gâză care zboară;
Cunoşti lungimea vieţii ei.
Şi-un ciripit de prima oară
Ce e al dragostei crâmpei.

Tu ştii de bucuria fiarei
Când foamea-şi poate potoli.
Auzi şi clipocitul apei
Şi bobul de nisip îl ştii.

Ai construit sisteme-n lume,
Şi mecanisme-ai stabilit.
Căci fiecare lucru-n sine,
E complicatul mecanism.

Căci de există flori în lume,
Au fost sortite şi albini.
Iar traiurile se îmbină,
Şi nu-i nimic ca să suprimi.

Şi peştele trăieşte-n apă
Căci fără apă ar muri.
Ursul trăieşte în pădure,
Căci unde ar putea domni?

Şi viermele-i făcut să roadă.
Aşa se poate el hrăni.
Însă mai e ciocănitoarea,
Menită viermii a-i stârpi.

Atâtea legi necunoscute
Ce acţionează-n univers.
De când pământul apărute,
Dar, nu greşesc în al lor mers.

Căci punct cu punct în astă lume,
E socotit şi cunoscut.
E-n univers perfecţiune,
Incontestabil conceput.

Căci ce-a fost stabilit odată
Nu se mai poate suprima.
Nu e lucrare în plus dată,
Dar nici nimic spre-a adăuga.

Nimica nou nu e sub soare.
Căci ce e astăzi a mai fost.
Nimic nu e la întâmplare,
Şi nu-i nimica fără rost.

AŞTEPTARE

Eu am stat mult privind la stele
Şi-atât de mult am aşteptat,
Să văd un fulger printre ele,
Pe Domnul meu, de dor purtat.

Am plâns, spunând că aşteptarea,
E-atât de grea, bătut de vânt.
Am aşteptat s-aud chemarea
Acelui ce e veşnic sfânt.

Am plâns cu florile din crânguri,
Cu păsările, rând pe rând.
Cu pietricelele din râuri,
Am plâns, am plâns, tot aşteptând.

Şi iată că o voce lină,
Ca susurul unui izvor,
A mea durere o alină.
Cel ce-a-nţeles doar al meu dor.

Şi spus-a că a Sa venire,
Va fi degrabă, în curând.
Şi mângâia-va-ntreaga fire,
Pe-acei ce Îl aştept plângând.

INVAŢĂ-MĂ

Învaţă-mă ca să mă bucur,
De florile sădite-n câmp,
De zâmbetul oricărui mugur,
De ramuri ce-nspre cer se-avânt.

De stelele ce ard în noapte,
Sau de a soarelui rază.
De râu, izvoare, lac, de toate.
De pomii ce stau de pază.

Învaţă-mă să văd lumina
Înţelepciunii ce-i de sus.
Să ştiu să mustru-n mine vina,
Şi să păstrez ce-n mine-ai pus.

Să înţeleg a Ta vorbire,
Privirea Ta şi orice semn.
Ce îmi vorbesc de-a Ta venire;
Să urc mereu, ele mă-ndemn.

Învaţă-mă să cânt cu sfinţii,
Cântarea sfintei bucurii,
Şi să-nalţ steagul biruinţii
Ca semn al sfintei mântuiri.

Să cânt cu apele, cu stele,
Cu flori, cu stânci, cu-orice izvor,
Un imn al bucuriei mele,
Căci Tu îmi eşti mântuitor.

MARIA

In cămăruţa liniştită,
Apare îngerul Gavriil.
La ceas când ruga e şoptită
Spre cer, spre-a fi primită,
Se pleacă îngerul umil:

Mă plec cu umilință ție,
Trimis din cerul adorat.
Atâta har ți s-a făcut Marie,
Că veacuri, după veacuri se va scrie,
Ce ai primit din cer cu-adevarat.

Din tine se va naște Unsul,
El Fiul Celui Prea Înalt;
Emanuel, Isus, va fi răspunsul
La marea de-ntuneric, nepătrunsul,
Lumini din ceruri revărsat.

El va fi Sfântul, Împăratul!
Va fi Cuvântul întrupat.
Va fi Mesia, Așteptatul.
Acela plin de har, Adevăratul,
Din Dumnezeu Adevărat.

De Duhul Sfânt vei fi umbrită,
Puterea Celui Prea Înalt.
Ți se va spune fericită,
Privind spre starea ta smerită,
Să naști un Fiu de Dumnezeu,
Acuma ți s-a dat!
Plecăciune, ție, căreia ți s-a făcut mare har!

FEMEIA

Este un vis de primăvară,
Căci parfum ştie să deie;
Simfonie-n nopţi de vară,
Ploi de argint şi floare rară
Este ea, căci e femeie!

POVEŞTI CU TÂLC

EU MÂNTUIREA NU MI-O PIERD

Trăia odată într-o ţară,
Un om ce era putred de bogat.
Şi ca să-şi facă-n cer comoară,
Averea şi-a vândut-o dară,
Şi banii la săraci i-a dat.

Şi a plecat la mănăstire.
Cu gând curat el s-a călugărit.
Lipsit de-a grijei stăpânire
Şi-a bogăţiei ispitire,
El se ruga din zori în asfinţit.

Şi-a limpezit în rugi viaţa,
Căutând nestingherit pe Dumnezeu.
Tot mai senină-i era faţa,
Ca răsăritul dimineaţa,
Căci tot mai mic, mai mic, e al său eu.

Trecură zile lungi de rugă.
Şi într-o zi stareţul său, i-a spus:
Puţinii noştri bani-s pe ducă
Şi-am vrea la târg un om să ducă,
Ce-avem şi noi pe-aicea de vândut.

Şi i-a dat lucruri vechi să vândă.
Şi doi măgari bătrâni şi răpciugoşi.
El I-a-nvăţat cum să răspundă,
Defectele cum să le-ascundă,
Ca să obţină-n fine, bani frumoşi.

Şi dup-o zi de târg întreagă,
Sosi călugărul 'napoi umil.
Căci nici-un ban nu-i în desagă,
Măgarii de aproape îl urmează
Şi-i necăjit de parcă-i un copil.

Se uită mânios stareţul:
Cum, n-ai putut şi tu un ban să faci?
Sa-ţi lauzi marfa, storcând preţul,
Să fii şiret ca precupeţul,
Că doar, tu ştii, cât suntem de săraci.

Ascultă stareţe, înalte:
Nu vrut-a nimeni un bolnav măgar.
De cineva venit-a să întrebe,
De poate animalul să lucreze,
Eu adevărul spus-am, că-i bolnav.

Preacuvioase, tu, m-ascultă;
Şi nu-mi lua nicicum în nume rău.
Eu am avut avere multă,
Şi am trăit o viaţă scumpă
Şi n-aveam timp nicicum de Dumnezeu.

Însă, de dragul mântuirii
Eu am dat totul, totul la săraci.
Am câştigat drumul sfinţirii,
Pe poarta strâmtă a lipsirii,
Cu Dumnezeu, un cuget împăcat.

Şi azi, îmi reproşezi, părinte,
Ca n-am minţit, n-am fost şiret!
Ascultă-mă şi ia aminte,
Că mântuirea-n cele sfinte,
Eu, pentru doi măgari bătrâni, n-o pierd.

SNOAVĂ DE PAŞTI

E zi de Paşti. Într-o chilie,
Din nu ştiu care mânăstire,
Când toţi în post trebuiau să fie,
Un biet călugăr flămânzit,
De foame aprig chinuit,
Căzut-a într-o ispitire.

Visând colaci, fripturi şi ouă,
În loc s-alunge ispitirea,
C-o rugăciune, chiar cu două,
El şi-a pus mintea la gândit,
Măcar să mânce-un ou prăjit,
Căci pentru dânsul, conta firea.

Şi uşurel, închis-a uşa,
Punându-şi planu-n aplicare.
Ia să vedeţi idei acuşa.
Căci oul din cuibar furat,
Va fi degrab bun de mâncat,
Prăjit fiind, la lumânare.

Şi-n timp ce flacăra voioasă,
Sub ou furat o potrivise,
Stareţu-ncet se furişase,
Părându-i-se cam suspect,
De ce călugărul ascet,
În zori, el uşa o închise.

Dar ce minune îi văd ochii:
Un ou prăjit la lumânare:
Hei, ia veniți aici cu toții.
În zi de Paşti, vai ce păcat.
Te-ai făcut frate, vinovat.
Ca să posteşti n-ai fost în stare.

Şi prins cu vină-al nostru frate,
Încearc-a se scuza degrabă
Că doar Satan îl îndemnase.
Dar chiar în timpu-acel Satan,
Cu hâda-i mutră de catran,
Îi spuse tare să-nțeleagă:

Cum, tu mă-nvinuieşti pe mine?
Atâta doar ai tu de spus?
De ce nu te acuzi pe tine?
Căci astfel de idee şoadă,
De-aş sta în cap, de-aş sta în coadă,
Prin minte, nu mi-ar fi trecut.

Şi-acum, morala pentru tine:
De cumva cazi în vre-un păcat,
Tu singur te faci vinovat.
Căci poți s-alegi: sau rău, sau bine.

DOR DE PARADIS

Într-o clipă-ntr-o clipire,
Într-o clipă ca de vis,
La a trâmbiţei rostire,
La a Domnului venire
Cei cu dor de paradis,

S-or-nălţa în zări albastre,
Transformaţi în trup divin
Şi plutind uimiţi de astre,
De luminile măiastre,
Liberaţi de orce chin,

Vor percepe simfonia
Timpului nemuritor
Vor cunoaşte bucuria,
Vor începe veşnicia
Fericiţi cu Domnul lor.

CHEAMĂ CÂNTUL

Dacă inima ţi-e bună
Lasă cântul să adune
De prin văi şi de pe stele,
Armonii, dulci melodii,
Melodioase simfonii.

Dacă inima îţi plânge
Sufletul tău ţi se frânge,
Lasă-n cânt durute perle
Şi trimite vers duios,
Către ceruri lui Hristos.

Dacă inima ţi-e seacă
Şi cauţi un izvor de apă,
Nu uita că este cântul
Un amic melodios,
Stâmpără când eşti setos.

Cheamă cântul şi-o să vină,
Şi-o să te ridici din tină.
S-a uni cu mii de cânturi,
Ce-or forma un singur cor
Ştergând lacrime de dor,
Lăudând pe Domnul lor.

ŞTII TU CINE-I CREATORUL?

Doamne, ce frumoşi-s trandafirii!
Ce petale, ce culori...
Nici pe culmile gândirii,
Prin strădaniile firii,
Nu am izbuti creerea,
Celei mai mărunte flori.

Ce vorbesc de flori, sau flori mărunte,
O petală poţi s-o faci?
Cu parfum să fie-umplute
Şi cu fire nevăzute,
Tainic să fie ţesute
Şi culori să îi adaugi?

Poţi să faci tomate, sau un spine?
Sau o frunză s-o creezi?
Doar o boabă, eu ştiu bine,
Nu poţi face, n-o poţi prinde;
Nici un vrej măcar la vie,
Nu poţi să il anexezi!

Poţi cumva albinei să dai viaţă?
Creierul să i-l deştepţi?
Poţi a-i da cumva povaţă
Munca cum să şi-o împartă?
Căci o şcoală cât de-naltă,
De-ai avea…tu, nu creezi!

Uită-te la flori şi la albine.
Dacă vrei, la urşi, la peşti...
Şi-acum uită-te la tine:
Creier, gânduri, sânge, vine…
Toate-s puse să se-mbine,
Ca să poţi să funcţionezi.

Spune-mi: ştii tu cine-i Creatorul,
Cine toate le-a creat?
Cine-a desenat ogorul,
Scuturând de ploaie norul,
Şi-a montat luminătorul?
Toate-n cor îţi vor răspunde
Şi-n ecouri şi pe unde:
Dumnezeu Cel Minunat.

DACĂ CEASUL S-A OPRIT

Dacă ceasul s-a oprit
Azi la vreme nechemată…
Ritmul vieții tu îl schimbi,
Iar iubirea o închini
Unde lacrimi nu-s, nici chin,
Și-o preschimbi în nestemate.

Peste umbrele trecând
Fă durerii semn să tacă.
Căci lumina răsărind,
Din vecie veșnicind,
Trupul său cu ea luând,
Luminând vecia toată.

Dacă timpul s-a oprit
Azi, la vreme nechemată...
Nu întreb și n-am răspuns.
Căci lumina răsărind
Din pământul lăcrimând,
Către soare alergând,
S-a-nălțat fiind chemată.

APOSTOLUL IUBIRII

Petru vindecat de Domnul
Şi cu dulce împăcare,
Căci află ce va să vină
Îi mai puse-o-ntrebare:

"Cu Apostolul iubirii,
Spune-mi Doamne ce-o să fie?"
'Cearcă Petru întrebarea,
Curios, el vrea să ştie.

"Petre, ce îţi pasă ţie,
Dacă Eu vreau să rămână,
Dragostea pe veci să fie
Peste inime stăpână?"

Ioan, Apostolul iubirii
Reprezintă legea dulce.
Roada plină a sfinţirii,
Către ceruri ea te duce.

Dragostea nu este dură
Ea e blândă şi-nfrăţeşte
De orfani ea se îndură
Lacrimile preţuieşte.

Ea acoperă greşala
Şi nu o mai pomeneşte.
Ea-ntăreşte aşteptarea,
Şi de ură te păzeşte.

Nu se umflă de mândrie
Nu aprobă necuviinţa.
Ea nicicând nu se mânie
Ci alină suferinţa.

Dragostea e bunătate
Şi folosul său nu-l caută
Pâinea cu sărac împarte
Nu cârteşte, nu se laudă.

Ea e floarea dăruirii
Şi parfumul păcii dulce.
Ea e viaţa nesfârşirii,
Ea e imnul de pe cruce.

Şi credinţa şi speranţa
Se vor termina odată.
Însă dragostea rămâne.
Nu va pieri niciodată.

"-Cu Apostolul iubirii,
Spune-mi Doamne, ce mai este?"
"-Petre, ce îţi pasă ţie?
Dragostea, ea, dăinuieşte!"

DRAGOSTEA

Ce sprijin e nădejdea şi credinţa
Cu care am trăit aicea jos.
Iubirea Lui îmi este siguranţă
Căci voi ajunge-n ceruri cu Hristos.

Şi sori şi stele mândre s-or deschide
Şi câte căi-albastre-n infinit.
Ce din cuprinsu-I veşnic s-or desprinde
Alese pentru cel neprihanit.

Sudoarea de pe frunte va dispare
Şi lacrimile vor fi şterse-atunci.
Iubirea ne va umple de mirare
Şi vom primi la întrebări răspuns.

Ce sprijin e speranţa şi credinţa
Cu care am trăit aicea jos.
Dar sus în cer rămâne doar iubirea
Fiind deplină-n ceruri cu Hristos.

Şi vom cânta în adorare cântul
Ce-aicea îndrăznim doar să-l şoptim.
Ce-l va purta din frunză-n frunză vântul:
Isuse scump, ce mult noi Te iubim.

TU, COPILE...

Tu copile, trist şi singur
Cu lacrime pe obraz,
A venit de sus un înger,
Să te-atingă, să nu sângeri,
Să-ţi aline-al tău necaz.

Şi în nopţile de frică,
El îţi cântă-ncetişor:
Noapte bună, fiinţă mică,
Ţi-am adus o luminiţă,
Chiar din cerul plin de sori.

DIN LUT CĂTRE SOARE

Eu din țărână sunt făcut;
Cu apă, puls și stropi de soare.
Și din senin necunoscut,
Gândiri și verbe, conceput,
Căutând iubirea cu ardoare.

Și către soare ochii-ndrept,
Și inima de lut palpită.
Eu rouă și Cuvânt aștept,
Izvor din Norul Înțelept
Din Suflul Sfânt care-mi cuvântă.

De val, de vânt sunt obosit,
Și grea e tina vinovată.
Dar stropi de cer în cale-mi vin,
Și solii Tăi vin din senin,
Senin e-albastrul ce mă poartă.

Si zorile s-or limpezi,
Si-n zbor, eu devenind lumină,
Cu-albastru cununat deplin,
Atom din lut, atom divin,
Păstrând doar chipul cel dintâi,
La Tronul de Lumini mă-nchin,
Și eu voi veșnicii Lumină.

TATĂL NOSTRU

Gând spre slăvile cereşti,
Se înalţă umilit.
Te rog Tată să-l primeşti,
Cel ce-n veci de veci Tu eşti,
Numele-Ţi fie sfinţit.

Adă-n viaţa mea lumini.
Voia bună-a Ta făcând,
Precum e-n ceru-Ţi senin,
Cu albastrul său deplin,
Printre oameni luminând.

Apă şi cu pâine dă-mi.
Nu mă lăsa a cerşi.
Dă-mi ştiinţă să leg răni,
Loc sub soare te rog, dă-mi,
Pe sărac a-l găzdui.

Iar ispita n-o lăsa
Să mă-ntoarcă de pe drum.
Îngerii Tăi m-or lua,
Şi de rău m-or apăra.
Nu mă lasă nicidecum.

Veşnic Tu împărăţeşti,
În putere pe deplin.
Universul stăpâneşti
Creator în toate eşti,
Până-n veci de veci, Amin.

AM NEVOIE DE UMĂRUL TĂU

Am nevoie de umărul Tău,
Ca să pot plânge pe El,
Orice faliment sau neâmplinire,
Când nu mai găsesc iubire,
Când îmi este tot mai rău,
Plâng pe umărul Tău.

Am nevoie de umărul Tău,
Când de oameni mă ascund;
Sau vre-o boală nu mă lasă,
Când durerea mă apasă,
Noaptea mi se pare-un hău,
Plâng pe umărul Tău.

Am nevoie de umărul Tău,
Când pe "mâine" nu-l mai văd,
Şi nu înţeleg viaţa,
Şi mi-e tristă dimineaţa,
Mersu-mi este tare greu,
Plâng pe umărul Tău.

Doamne, Tu îmi eşti Părinte Bun,
Şi mă ştii aşa cum sunt.
Când mă sperii de furtună,
Mă ridici cu a Ta mână
Şi mă strângi la pieptul Tău
Odihnit pe umărul Tău.

CREAȚIA

M-am uitat l-a mea narcisă,
La mușcate, trandafir,
Albăstrele și caisă,
Vioreaua cea închisă;
Nu-ncetez ca să mă mir.

Am pus în pământ sămânța.
Fascinat am urmărit,
Frunz-aceea foarte mică,
Capu-și scoate-un pic cu frică,
De-abia poate fi zărit.

Și când soarele-ncălzește,
Apoi roua pusă-n stropi,
Forma i se limpezeste;
Planta mică crește, crește;
Eu mirat m-opresc în loc.

O tulpină, rămurele,
Frunze.., uite și-un boboc!
Eu mă uit cu drag la ele.
Domnu-a scris în toate cele,
Și nu a greșit de loc.

Cod genetic în sămînță,
Pus-a Domnu-a treia zi.
Şi de-atuncea nu se-ntâmplă,
Să se-ncurce vre-o sămânță,
Alte plante a rodi.

Dac-un sâmbur de caisă
Pus vre-odată în pământ,
Vrei să-l faci să-ți dea narcisă,
Sau laleaua cea aprinsă,
Dă cais! Fără cuvânt!

Domnu-a pus un cod genetic
'N-orice ființă,'n-orice flori,
Şi respectă matematic,
Ce tradus-a programatic,
Înmulțiri ori câte ori.

Nu există evoluție,
Transformări din gen în gen!
Totul este doar creație,
Matematică exactă!
Ce-i creat este etern!

Ce-a făcut în şase zile,
Creatorul meu Suprem,
E creat! Şi-i foarte bine!
De atunci şi azi şi mâine,
Toate la fel vor rămâne,
Din Eden, până-n Etern!

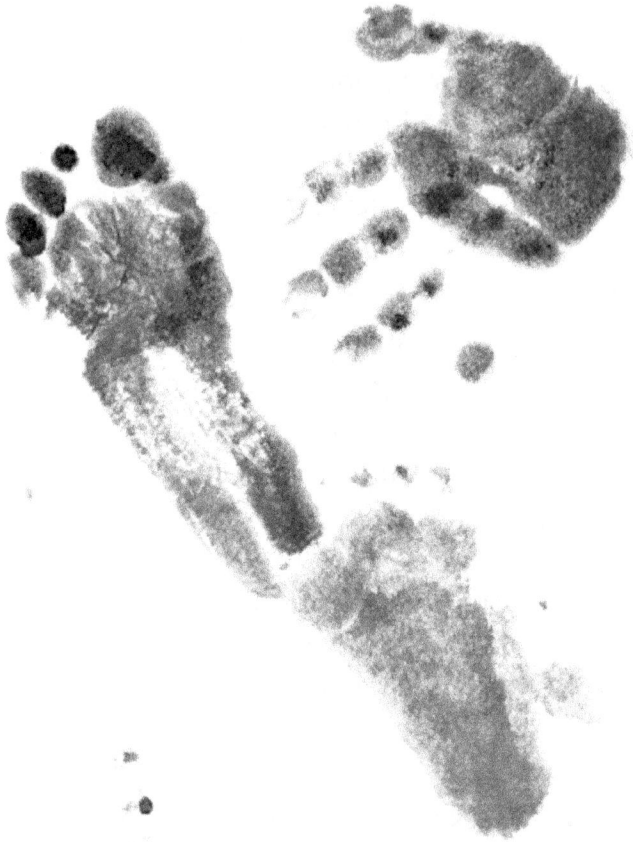

BINECUVÂNTARE

Să ploaie astăzi pace şi lumină.
Să fii cu adevărul îmbrăcat.
Să-ţi fie viaţa toat-o zi senină
Şi traiul tău să-ţi fie aşezat.

Păduri şi crânguri să îţi dea verdeaţa
Şi câmpul plin de flori, parfumul lui.
Luceferii să-ţi lumineze faţa,
Iar soarele să-ţi dea căldura lui.

Izvoarele de apă să nu sece
Şi grânele să-şi deie rodul lor.
Iar untdelemnu-n vase să reverse,
Livezi să ai pline de rod.

Şi îngerii să îţi vegheze somnul
Să-ţi fie-alăturea în ceas târziu.
Iar paşii tăi să ţi-i îndrepte Domnul.
Să-ţi dea pe viaţă-nţelepciunea Lui.

Şi ploi şi soare, pace şi lumină,
Să le aşeze Domnu-n timpul lor.
Să-ţi fie viaţa-ntreagă-o zi senină,
Să fii a Cerului moştenitor.

NU TE MĂRITA

Nu te mărita, te rog,
Să nu dai de pocinog.

Căci la cap de te-i lega,
Nu ştiu cum te-i dezlega.

Liniştea-i comoară scumpă,
Şi uşor nu se aruncă.

Nici independenţa dragă,
Nu se-aruncă ca pe bragă.

Flori şi frunze de priveşti,
El îţi spune: Nu munceşti!

Toată ziua trândăveşti,
Şi nu ştii de ce trăieşti.

Şi-apoi vrea rufe spălate
Şi cămăşile călcate,

Şi izmenele călcate!
Parfumate şi drapate,

Ca la mă-sa apretate,
Şi-ncălzite, de se poate.

Şi mâncarea lui să fie,
Musai ca-n copilărie:

Ca la mă-sa afumată…
Numai ca la el acasă.

Cască ochii te rog bine!
Nu te supăra pe mine!

S-ar putea să n-am dreptate,
Scriindu-ţi această carte.

De oi face eu ca tine,
Strigă, tu, atunci la mine!

SPRE EMAUS

Mă întorceam pe drumul spre Emaus,
Dezamăgit, înlăcrimat şi trist.
Şi-n ceaţa tristă, plânsu-mi pas,
Eu nu ştiu cum, drumeţu-a răsărit.

M-a întrebat de unde vin târziu?
De ce-i obrazul trist şi-nlăcrimat?
De ce mi-e gându-mi lacrimi şi pustiu,
Şi pasu-aşa durut şi apăsat?

- O, Doamne, Tu eşti singurul străin,
De nu ştii cele ce s-au întâmplat?
Tu nu ştii ce-a fost în Ierusalim...
Ce-am asteptat...şi ce s-a întâmplat?

Şi-a început străinul blând atunci,
Să îmi dezlege adevărul sfânt,
Cum Domnul s-a supus Sfintei Porunci,
Luându-şi chip de om, pe-acest pământ.

Şi-apoi spre a salva pe-om din păcat,
Tăcând, moarte de cruce-a suferi.
Apoi a treia zi va învia,
Urcând la Tatăl Sfânt c-un trup slăvit.

Vorbind astfel pe drum, noi am ajuns,
Şi l-am poftit pe Domn în casa mea.
Târziu de tot când Domnul meu s-a dus,
Am înţeles, voios, cine era.

Simţeam cum arde inima de dor,
Şi mintea mea se umple de lumini.
Simţeam că înţeleg cerescul foc.
De-acum, în faţa Domnului mă-nchin!

N-a fost durere fără de alin,
Şi umilinţă fără-a fi slăvit!
Căci peste greul Crucii, greu suspin,
Străluce o coroană-n infinit.

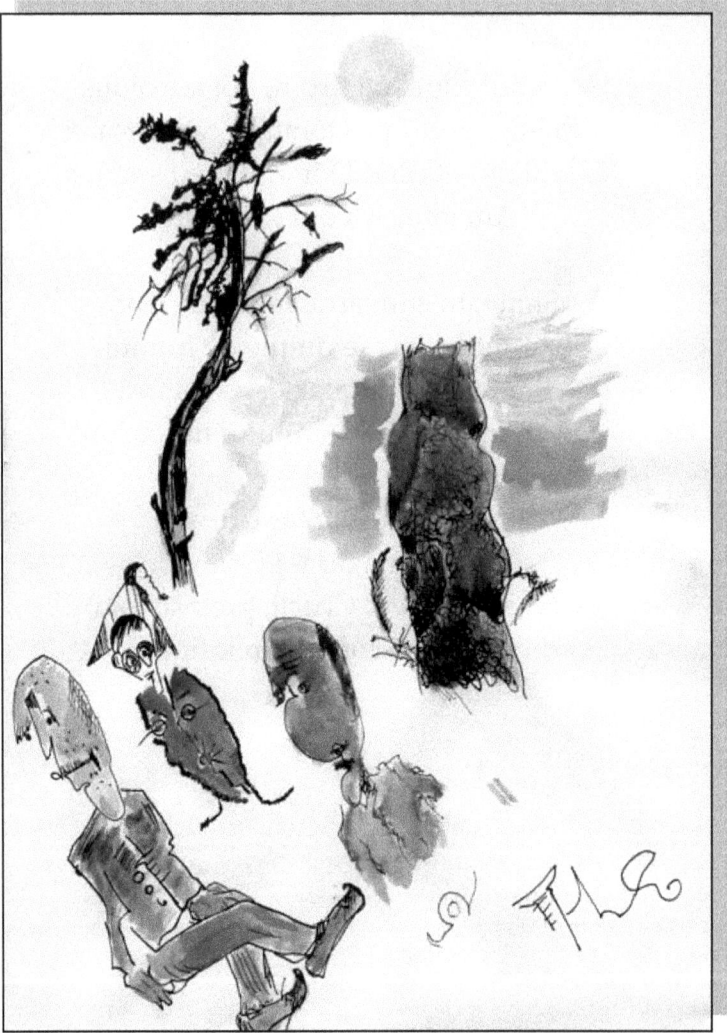

UNEI FETE CARE A URLAT
LA LUNĂ DE HALLOWEEN

Nu urla la lună, fata mea,
Când poţi cânta cu-aceleaş corzi vocale.
Căci Creatorul tău ţi-a dat
Şi creier şi gândire, grai articulat,
Iar Biblia te-a învăţat,
Căci poţi s-alegi, între-un frumos cântat
Şi-a lui Satan urlare.

VOCABULAR DE CUVINTE FRUMOASE

Salcâmi înfloriţi, parfum plutind uşor,
Pârâuri line piatra mângâind,
Ciripit de păsări, îngânând a dor,
Sau a îngerilor cor, cântând.

Mama alintând cu duioşie-un prunc,
Zâmbet uşor şi gingaş de copil,
Mireasma adie verde de pe lunci,
Şi zile senine de april.

Albastru de cer, şi roz de trandafir,
Iubire, frumoasă, şi zâmbete;
Pe fruntea tăcută, ulei de alin,
La ceas de trezie, trâmbiţe.

Spice de aur din holdele coapte,
Copacul cel verde tinzând către cer,
Luna străluce în noapte departe,
Narcise distinse, parfum şi mister.

Topaz şi azur, răsărit şi apus;
Fulgi mici şi ploi de argint;
Stânca bronzată şi-urcată colo sus;
Piatra, al iubirii legământ.

ISUS PÂINEA VIEŢII

Eu sunt Pâinea Vieţii, Pâine vie,
Şi de la Tatăl sunt trimis;
Şi lumea-ntreagă vreau să ştie:
Toată puterea mi-a fost dată Mie,
Prin Mine, Calea Vieţii s-a deschis.

Cine mănâncă din această Pâine,
Viaţă veşnică v-avea.
Eu mai lucrez şi azi şi mâine,
Şi tuturor ofer această Pâine,
La Tatăl Meu, apoi, Eu voi pleca.

Şi Voia Tatălui Meu e aceasta:
S-arăt puterea legii noi.
Cuvântul Meu, e Pâinea-i, Viaţa,
Iar cel ce vede, crede, toate-acestea,
Va învia la ziua de apoi.

Da! Eu sunt Fiul Tatălui din Ceruri.
Sunt Pâinea Vieţii pe pământ.
Mă voi-nălţa şi voi trăi de-apururi,
Sfinţit cu slava şi Puterea Celui,
Ce este Dumnezeu în infinit.

PRIETEN DRAG

Prieten drag, în astă clipă,
Mă tem de pragul ce-o veni.
Şi gându-mi tremură pe-o-aripă,
Şi frica-n mine se-nfiripă,
De greul pas ce-l vei păşi.

Mi-aplec durut în rugă fruntea,
Şi mâinile-mi împreunez.
Aş vrea să treacă astă cruce,
Să văd cum greul tău se duce,
Şi viaţa să ţi-o luminezi.

Scrutez cu teamă ce-o să fie,
Nu vreau de-aicea tu să pleci.
Dar cerul, chiar, îmi spune mie,
Că totul o să fie bine,
Cu bine pragul o să-l treci.

PĂCATUL
Ioan 8

S-au adunat iar fariseii,
Târând la Isus o femeie.
Şi-L încolţesc, vai, precum leii,
Şi-aduc multă pâră femeii
Şi-n ea cu piatra vor să deie.

Au prins-o săvârşind păcatul,
Şi vor s-o judece cu "legea"
Dar unde este el bărbatul,
Cu care-a săvârşit păcatul?
Căci ei adus-au doar femeia.

Se uită Domnul peste dânşii:
Nu doar femeia-i vinovată.
Ce azi ignoră, vrut, pârâşii,
Bărbatul nu îl au cu dânşii;
Merită pedepsit cu piatra.

"Dar care oare-i fără vină?"
Isus parcă cumva se miră.
"Acela ieie-o piatra-n mână,
Să pietruiasc-acum, să vină,
Să-mpartă legea fără milă!"

Apoi se pleacă în țărână,
Și-n colb uscat scrie Rabunul.
Dar n-a fost unul să rămână,
Căci cugetul pe toți i-acuză
Și pleacă pe rând câte unul.

De jos atunci Învățătorul,
Ridică blând a Sa privire.
S-au risipit toți precum norul.
"Ei, unde-ți e acuzatorul?
Nu-i nimeni sa-ți dea-nvinuire?

Nici Eu nu te condamn, femeie,
Primește azi a mea iertare,
Ce nimeni alt nu poa' s-o deie.
Dar viața-n curăție steie!
Nu mai păcătui pe cale!

Și încă azi o-nvățătură:
Femeia-i egal cu bărbatul.
Bărbatul nu-i sfânt prin natură!
Să își păzească-a lui făptură!
Căci n-are nici un gen păcatul!

PRIETENILOR MEI CARE SE CEARTĂ

Pacea tare-mi place mie,
Şi priviri din cele blânde.
Vorba să fie-o-armonie,
Să te-aline, să te-ncânte,
Cu parfum din veşnicie,
Şi-nfrânări din cele sfinte.

Făr-ambiţiile deşarte,
Confruntări nesăbuite.
Fără nervi ce duc la moarte,
Chemând pe uşă ispite
Cu motive gratuite,
Ca sărind în gol, în noapte.

Dragii mei, vă rog de-acuma,
Raţionali să fiţi mereu.
Nu stârniţi, vă rog, furtuna;
Nu umflaţi al vostru eu.
Ci rugaţi pe Dumnezeu,
Pace să vă dea de-acuma.

Dacă iad este în casă,
Iad va fi şi-n veşnicie!
Geaba Bibliile pe masă...
Predici multe, chiar să fie,
Şi cântările o mie!

Prieteni dragi, vă dau povaţă:
Făcând rai în casa voastră,
Rai va fi şi-n veşnicie!

NU VĂ DEPĂRTAŢI DE ADEVĂR

Nu este treaba voastră-a socoti
Nici vremi, nici timpuri, nici soroace.
Căci vremile când s-or plini,
Nici Fiul singur nu va şti.
Doar Tatăl ştie ce va face.

Dar nu vă depărtaţi de adevăr,
De-acela ce vă face liberi.
Să nu trăiţi în nepăsări,
Să nu primiţi rele chemări,
Şi în iubire să fiţi sinceri.

Trăiţi în pace, cinste şi curat;
S-aveţi şi dragoste frăţească,
Împarte-ţi pâinea cu sărac,
Blândeţea să vă fie-n prag,
Şi binele să vă-nsoţească.

Curvii, destrăbălări, să alungaţi;
Minciuni şi furt şi înşelare.
Mânia să v-o înfrânaţi;
Şi vorba rea, s-o alungaţi.
Croiţi drum bun, dreaptă cărare.

Şi de-ţi alege să trăiţi curat,
Îl veţi vedea venind în slavă.
Cei răi atunci, vor fi lăsaţi,
Iar cei miloşi, vor fi luaţi
Cu-aripi de slavă îmbrăcaţi,
În veşnica feerie fără grabă.

RELIGIA MEA

Religia mea e să fac pace.
Religia mea e să iubesc,
Să nu înşel, să înfrăţesc,
Şi pe orfani să ocrotesc;
Asa e bine, asa-mi place.

Că mă numesc creştin, sunt mândru
Şi nu impun părerea mea.
Şi nu caut ceartă, vorba rea,
Şi rău nu fac la nimenea,
Că lină-i vorba, lin e cântul.

Pe uliţe nu-mi ridic glasul;
In cămăruţa mea mă rog.
Mă rog încet şi plâng cu dor.
Şi vorba, pasul mi-e uşor.
Cu ceru-mi potrivesc eu ceasul.

Nimic nu vreau din duh de ceartă
Nimic nu vreau spre a răni.
În pace-mi place a trăi.
Nu-mi place a mă război.
Căci am primit un duh ce iartă.
Creştinu-n lume, Pacea poartă.

TIMPI TRECUȚI ȘI TIMPI CE VIN

Timpi trecuți și timpi ce vin,
Veacul împărțit la doi,
Am parcurs viața din plin,
Oare să mă uit 'napoi?

Trec o filă... foșnet scurt...
Iar la alta, zăbovesc …
Nu știu anii… au trecut …?
Sau, eu sunt cel care trec?

Ploaie, soare, stele, nori,
Cer albastru, cer senin,
Triluri ce se-aud în zori,
Eu cu drag la piept le strâng,
Pentru anii mei ce vin.

EL, ISUS

Din taina slăvilor cerești,
Da, iată se desprinde una.
Din înălțimi dumnezeiești,
A străbătut spre noi lumina.

Și drumul tainic și-a croit trecând,
Prin locuri încă neumblate
Și-a înfruntat mereu arzând
Și-a luminat și zi și noapte.

El, Leul ce-i puternic, sfânt,
Ce va zdrobi puterea morții.
El ce-i al păcii tainic cânt,
El, ce-i hotărâtorul sorții,

Măslinul verde neuscat,
Toiag de cârmuire-n Iuda.
El fiu de om, dar ne-întinat,
A Dumnezeului Sfânt mâna,

Mâna cea dreaptă, ziditor,
El meșterul în Creațiune,
Desăvârșitul Creator,
Ce a creat această lume,

Izvorul veșnic, nesecat,
Și dătător de apă vie,
El drumul vrednic de urmat,
El, Cel născut din veșnicie,

Putere, bucurie, har,
El, Miel nevinovat de jertfă,
Neprețuitul lumii dar,
Și-n univers tainică sevă,

El, tainicul izbăvitor,
Dezlegător de lanțuri grele,
El Dumnezeu și chip de om,
Mântuitor de orice rele,

Cuvântul întrupat în trup,
Și dătătorul de viață,
Puterea din necunoscut,
Puterea cea neînțeleasă,

El, purtătorul de mesaj
Ce-i scris în sulul Cărții sfinte,
Ce a-mplinit întocmai chiar,
Voia Prea Sfântului Părinte.

El duh de viață ce a pus,
În inimi gândul veșniciei,
Măreață slavă far-apus,
Ce pune capăt silniciei,

El, creator de frumuseți,
Substratul dragostei fierbinte,
Începătorul sfintei vieți,
Nepriceput de-această minte,

El, nelipsit lucrării mari,
Din capul unghiului o piatră;
Cea aruncată de zidari,
În Templul sfânt, El Viața.

El, Cale sfântă și-adevăr,
Acestei lumi, profet și preot.
El și-a făcut din chin, cântări.
Din plâns, al bucuriei chiot.

Mărire să-I cântăm acum,
Lui Isus, slavă și onoare!
Și al iubirii legământ,
Cu El să-l facem fiecare!

LUMINA

Din neant, cuprins necunoscut,
Făcut-a ce-i azi, totul, Domnul.
El universul l-a făcut,
Cu mâna Sa creat-a omul.

Și totu-i de lumin-umplut,
Căci El a spus: Lumină fie!
Iar din adânc necunoscut,
Desprinsu-s-a câte-o fâșie.

Veneau spre Dânsul mii și mii,
Că-n grabă s-au desprins chemate.
Unitu-s-au fâșie cu fâșii,
Formând o mare luminoasă.

Și-a lor menire, El a spus,
Din zori de orice dimineață,
Să lumineze pân-l-apus,
Dintr-a pământului o față.

Care-s cămările lor știu,
Toate-a naturii fenomene,
Că niciodată nu-ntârziu,
Nici nu lucrează prea devreme.

Și mii de ani de-atunci s-au scurs,
Dar totul e ca-n prima ziua,
Căci matematic conceput,
E tot ce-există în natură.

În lume însă s-a simțit,
Că-i mai nevoie de-o lumină.
Ca ea să lumineze-n spirit,
Negrul păcat să îl învingă.

Să fie tot desăvârșit,
El a trimis lumina-n lume.
Ce-n veșnicii a răsărit,
Și-n veșnicii nu va apune.

Acesta-i Fiul Său iubit,
Ce lumea luminează-n suflet.
Ce-nseninează pe mâhnit,
Ce luminează orice umblet.

PSALMUL 122

Ce bucurie am când mi se spune,
Haidem la Casa Domnului.
Tresalt şi cânt sfios, cu gânduri bune,
Spre tine Sfânt Ierusalime,
Ce-ai fost zidit în cinstea Lui.

Picioarele mi se opresc la poartă,
Mă minunez cum eşti zidit.
Şi-a lui Israel seminţii te caută,
De bucurie toţi tresaltă,
Acolo Domnul e sfinţit.

Rugaţi-vă prieteni pentru Pace,
Să fie în Ierusalim.
Dispară ura cea rapace,
Ce victime atâtea face.
Amicii mei, Pace dorim!

In casele domneşti, fie linişte.
Şi Pacea fie legea ta!
Să nu ne-apese vremuri de restrişte,
Şi tulburări să nu se işte,
Doriţi-i toţi fericirea!

DE AŞ FI FOST CUMVA EU OMUL

De aş fi fost cumva eu omul,
Ce camera de sus Ţi-a oferit
De aş fi fost cumva eu pomul,
De care-atunci Te-ai sprijinit,
Mulţimii când Tu i-ai vorbit,
Eu altfel azi aş povesti.

De aş fi fost eu măgăruşul
Ce te-a purtat în glas de Osana,
Să simt o clipă ce-i urcuşul,
Să gust puţin din gloria Ta,
Să nu-mi fie povara grea,
Alta-ar fi fost povestea mea.

Venind din câmp de prin Cirena,
Soldaţi romani să-mi strige: Hei Simon,
Ajută şi îi duci tu crucea,
Trudit şi frânt e ca un pom
Şi măgulit fiind ca om,
Povestea mea-ar avea alt ton.

Dar nu am fost nici chiar ecoul
Acelui glas divin dumnezeiesc;
Şi nici măcar nu am fost dorul,
Din piept durut ca să-L petrec,
Cuvintele să-i desluşesc
Şi astăzi să vă povestesc.

Povestea mea însă e simplă
Și tare mi-este drag ca să v-o spun.
Mi-a șters păcatele la cruce,
Mi-a dat puterea să m-opun
Ispitei ce apare-n drum,
Căci dragoste și pace îmi aduce
Isus amicul cel mai bun.

PSALM

Dor durut de ţară,
Mă cuprinde iară.
Peste munţi mă poartă,
Peste timp în şoaptă;
Peste-albastru-adie,
SPRE împărăţie.

Şi-o să bată-n poartă,
Unde-un sfânt aşteaptă,
De mulţi timpi-lumină,
Dorul meu să vină
Şi să mă îmbie,
ÎN împărăţie.

Şi-o să mă cuprindă,
Braţe de lumină.
Lacrime să-mi strângă,
Spaimele să frângă,
Şi umila tină,
Devenind lumină
Va putea s-adie,
Liberă să fie,
PRIN Împărăţie.

CĂTRE ALEASA DOAMNĂ

A 2-a Epistolă a lui Ioan

Către Aleasa Doamnă, sănătate!
Ce am primit vă dăm și vouă.
Și azi cu inimile preacurate,
Vă dăm, să știți, poruncă nouă.

Dragi frați, să vă iubiți unul pe altul.
Aceasta-i sfânta Lui poruncă.
Cum v-a iubit și El, din cer, Înaltul,
Nespusă dragoste, adâncă.

Cunoaștem cine-n veci în El rămâne
Din Dumnezeu fiind lumină.
Când dragostea în inimi e stăpână
Și pacea sufletele - animă.

Și iar vă-ndemn la dragoste curată,
Cine iubește, e-n lumină.
Către Aleasa Doamnă, Sănătate!
Și dragostea în voi, fie deplină.

VENIŢI SĂ NE ÎNTOARCEM

Veniţi să ne întoarcem iar la Domnul
Căci El ne-a sfâşiat şi El ne-a vindeca.
Căci El în veci ne e Ocrotitorul
Şi rănile făcute le-a lega.

El ne va da viaţă iar cu zile
Şi vom trăi de-a pururi înaintea Lui.
Veniţi să Îi cunoaştem tot mai bine,
Să îi cunoaştem bine voia Lui.

Eu jertfe nu voiesc, ci bunătate
Şi plini de cunoştiinţa Domnului să fiţi
Căci cin' pe Domnu-n adevăr cunoaşte,
E-a Cerului moştenitor copil.

VORBA TA

O, Doamne, iartă adevăruri spuse
Când ar fi trebuit să tac.
Și iartă adevărurile-ascunse,
Când timpul mi-o cerea să nu mai tac.

Căci Sfânta Carte Biblia ne spune,
Să fim cu totul înțelepți.
Și lucruri ce zidesc pot să răsune
Și-n gura mare poți să le vestești.

Dar vorbe ce asmut mânia oarbă,
Ferește-te să la pronunți.
La ceartă nu porni, cumva, cu grabă,
Și nu zidi, nicicum la ură punți.

Când trebuie să scoți din groapă omul,
Vorba-nțeleaptă-i un balsam.
Căci vorba dulce face tonul,
Cu fermitate, dar și cu alean.

Însă n-ascunde nici-cum adevărul,
Ce trebuie spus chiar acum;
Ca nu cumva din cauza asta, omul,
Să piară rătăcit, pierdut, în drum.

Fii înțelept și om cu echilibru.
Întâi gândești și cântărești.
Căci vorba ta, oricind, să fii tu sigur
Lasă o urmă: vindeci, sau rănești.

EU ŞTIU CĂ VOI ZBURA

Eu ştiu că voi zbura spre ceru-albastru
Şi voi purta slăvit argint în păr.
Lăsând departe vechiul astru,
Nu voi întoarce -n urmă capul,
Plutind ferice spre albastre zări.

Şi voi lasa de-apururi oful, plânsul.
Şi cu lumina-n aripi voi pluti.
M-a fermeca atuncia necuprinsul,
Nu voi mai socoti cu grijă timpul,
Cu veşnicia mă voi întâlni.

Voi flutura aripi de libertate
Şi îngeri intona-vor simfonii.
Pământul va rămâne jos departe,
Şi peste zări domnind dorita Pace,
Voi admira divine măreţii.

BINECUVÂNTAT E OMUL

Binecuvântați sunt ochii
Cei cu milă în priviri,
Cei cu pace și iubire,
Cu blândețe și umili.

Binecuvântată-i mâna
Ce lucrează și nu stă,
Care toarce lâna-ntruna,
Care mângâie și dă.

Binecuvântată-i limba
Fără grabă la bârfit.
Care psalmii intonează,
Glăsuiește doar gândit.

Ce frumos este piciorul
Care-aduce bune vești.
Umblă-n căile luminii,
Tot urcând spre culmi cerești.

Și ce scumpă-i mintea care
Plănuiește ajutor
Și observă fiecare,
Lacrima și of și dor.

Inima care iubește,
Și ajută pe orfan,
Lacrimile prețuiește,
E a Domnului scump dar.

Prețioasă e urechea,
Care-alege tot ce-i bun,
Face liniște și-ascultă,
Firul ierbii de pe drum.

Binecuvântat e omul,
Cari de roade este plin,
Fruntea înspre cer și-o-nalță
Și e plin de har divin.

OMUL BUN SĂ NE TRĂIASCĂ

Dragu mi-i cel care cântă,
Ca și pasărea din luncă.
Frumoasă-i inima bună,
Norii toți ea îi alungă.

Tare-i bună pâinea caldă,
Omul harnic pus pe treabă,
Omul cel care ajută,
Te respectă și te-ascultă.

Omul bun să ne trăiască,
Și averea lui să crească!
Domnul să îl ocrotească,
Să-i dea viață, sănătate!

CAPUL MEU

Ce mai este capul meu?
Foarte multă greutate,
Șapte kile și jumate,
Funcții cu organe-n parte,
Fiindu-mi dat de Dumnezeu.

Și de creier ce să spun?
În substanța cenușie,
Neuroni, măi, tot să fie,
Pe sinapse le îmbie,
Ca să lege ce-i mai bun.

Funcțiile-s de toate-n joc:
Cu gândirea cea abstractă,
Cu vederea-apropiată
Și aceea depărtată,
Și auzul dintr-un foc.

Coordonează-apoi mișcări
Și mirosul și tactilul,
Gustativul și-echilibrul
Și activul și pasivul
Și-apetitul la mâncări.

Să vorbim despre reflex:
Cu reflexul de mâncare,
De băut și strănutare,
Reflexe condiționate;
Totul este un complex.

Este-un foarte mare dar.
Nu-i din regn de animale,
Nici din regnul vegetale.
Și inteligență are.
La gândire e chemat:
E stăpân, căci este CAP!

MAMA

Mama e fiinţa care
Prea mult puii şi-i iubeşte.
Şi le face de mâncare,
Şi le dă şi-un pic de soare,
Şi-un surâs îl preţuieşte.

Mama-i bucuria sfântă
Pentru inima micuţă.
Ea e glasul care cântă,
Inima ce se frământă,
Ea-i iubirea nesfârşită.

Ea-i un strop de rouă-n soare
Şi puterea neostenită.
Mama-i sfânta alinare,
Bucuria care doare,
Ea e floarea cea iubită.

Prea des pe sine se uită,
Însă puii niciodată.
Ea e floarea dăruită,
Cu iubire e sfinţită,
Ea e raza fără pată.

EVOLUŢIA REPETENTĂ

De ce e încă iarba verde
De la Omul Adam încoace?
De ce nu mai "evoluează"
Şi-albastră iarba nu se face?

De ce numai Adam e rege
De-apururi peste animale
Şi nu se inversează legea ...
Căţelul ... să-l hrănească ... oare?

De ce maimuţa are coadă
Şi nu-şi îndreaptă-a ei coloană?
De ce o vorbă ea nu scoate
Şi nu devine ea "umană"?

E-atâta sfântă evidenţă
Că speciile nu se încurcă.
Şi toate au un ritm, cadenţă,
Şi omu-i Om! Şi nu-i maimuţă!

Căci Dumnezeu face distincţie:
Şi grai articulat, gândire,
Sunt proprii doar umanei fiinţe!
Ce este Om pentru vecie!

Iar elefantul şi căţelul,
Pisica, sau găina, orice cal,
Trăi-vor doar în pătrăţelul,
Ce se numeşte regnul animal.

BUCURĂ-TE-N TINEREȚE
Eclesiastul 11-12

Bucură-te-n tinerețe,
Ochii tăi plăceri aleagă;
Sufletul să ți se-mbete
De ce vede-n lumea-ntreagă.

Însă amintește-ți bine
Că există Creatorul
Până vlagă este-n tine,
Recunoaște Autorul.

Vin și zilele în care
Te-nconvoi de bătrânețe.
Dinții tăi sunt piese rare,
Nu mai este frumusețe.

Apoi părul se albește,
Fără nici-o strălucire.
Și auzul se tocește,
Ceața vine în privire.

Și piciorul se-nconvoaie,
Mâna tare mai slăbește.
Vorba parcă ți se-nmoaie,
Slăbiciunea, iată crește.

Ești lăcusta ce târâște
Neputință și durere.

Nimic viața nu-ți poftește;
Suflul parcă-ncet îți piere.

Bocitorii pe ulițe,
Își fac loc și se îmbie.
Parcă tac și parcă-ar zice,
Seara, iată, e târzie.

Funia de-argint se rupe,
Uruitul morii scade;
Se sparg multe vase scumpe,
Flacăra de-abia mai arde.

Pân-acestea nu se-ntâmplă,
Până funia e-ntreagă,
Ia aminte: viața-i scurtă!
Fiecare poat' s-aleagă.

Teme-te de Creatorul,
Împlinește bune fapte.
Tu iubește Adevărul
Și plăceri nevinovate.

Căci atunci la Judecată,
În fața Lui Dumnezeu,
Se aduce orice faptă,
Că-i ascunsă, că-i pe față,
Fie bine, fie rău.

CUTREMURAȚI-VĂ ȘI NU PĂCĂTUIȚI

Gândurile-s păsări călătoare:
Se opresc sau nu; cum vrei; și zboară;
Caută creanga următoare.
Cuib își fac
Doar de le lași,
De cumva
Îți sunt pe plac.

Când te culci și-aștepți să vină somnul,
Gânduri pot veni, și-așteptă tonul,
Căci stăpân pe ele-i omul.
Înfloresc,
De le-nmulțești.
Și pălesc
De le gonești.

Scârbe, mișelii și răzbunare,
Se clocesc ușor prin gânduri care,
Sunt lăsate-n voia mare.
Și cresc, cresc,
Te-nebunesc.
Le accepți
Și le-mplinești.

Cheia înțeleaptă-i prima fază:
Dac-atuncia creieru-i de pază,
Și la poartă el veghează,
Vine-un gând,
Verificând,
Tu-l alungi,
Și rău-nvingi.

Cutremură-te! și nu păcătui!
Alungă gândul rău! Nu îl cloci!
Și-n pace dulce vei dormi.
Pace ai
C-un creier treaz,
Nu e bai,
Nu e necaz.

Cutremurați-vă și nu păcătuiți!
Spuneți aceasta când stați în patul vostru; apoi
tăceți!

MIGRENĂ

Nişte ghiare stau pe creier,
Şi îl zgârie cum pot;
Şi îl zgâlţâie, şi-l strânge,
Ca pe-o prună din compot.

Şi ţi-e-amar şi îţi e verde
Şi ai norii toţi în cap...
Parc-ai plânge,
Parc-ai merge
Chiar pe malul celalalt.

Să borăşti..., să ţii în tine,
Sau să dormi, să nu mai ştii...
Să urli nu se cuvine...
Doamne rău mai poate fi!

MONOLOGUL LUI DUMNEZEU

Ți-am spus "Bună Dimineața"
Cînd cu cerul cel senin,
Și cu cânt de păsări plin,
Și cu raze de rubin,
Azi iar te-am chemat la viață.

Dar răspuns n-am auzit...
Poate-ai fost tare grăbit...

Apoi ți-am spus "Poftă Bună",
Printr-un lapte foarte bun
Și cu pâine și cu unt,
Câte bunătăți mai sunt,
Ca să prinzi puteri de muncă.

Mulțumiri n-am auzit...
Poate-ai fost tare grăbit…

Ți-am trimis și îngerașii,
Când Eu spus-am un "Drum Bun",
Câte-n cale ți se pun
Să le măture din drum,
Să-ți păzească bine pașii.

Dar răspuns n-am auzit...
Poate-ai fost tare grăbit...

Pe-nserat când de la muncă,
Te-ai strâns tare ostenit,
Eu ți-am spus "Bine-ai Venit",
Prin copilul tău iubit,
Care-n brațe ți se-aruncă.

Dar răspuns n-am auzit…
Poate-ai fost prea ostenit...

Târziu ți-am spus "Noapte Bună"
Prin stelele strălucind,
Licuricii luminând,
Greierii ușor cântând,
Prin albastrul cer cu lună.

La torente de lumini,
N-ai recunoscut Iubirea-mi,
Nu ai spus un "Mulțumesc"...
Poate-ai fost prea ostenit,
Poate... nu m-ai înțeles...

Eu sunt Tatăl tău Ceresc,
Iar Cerul îmi e Oștirea
Și iubirea mi-e menirea.
Eu sunt Tată iubitor,
Pentru omul muritor!

Dar mâine, iar, îți voi spune,
Să începi o zi mai bună,
Prin al păsărilor grai,
Trimise de sus din rai.
Și prin soare și prin nori,
Și prin zborul de cocori.
Și-ți trimit Iubirea Mea,
Cea mai minunată stea,
Din oștirile cerești,
Ca să știi că te iubesc.

CE NE LEAGĂ CE NE-MPARTE
PE ROMÂNII DIN DIASPORA

Ce ne leagă, ce ne-mparte?
Ce-ar putea Să ne despartă?
Viața de-nceput în România,
"Rădăcina, rămurele românești";
Basme și frumoasele povești,
Ce ne-au legănat copilăria...

Apoi școala și tramvaiul,
Autobuzul și cancanul...
Apoi glumele și bancuri
Cu cel Bulă cel netot,
Ce n-a dispărut de tot.

Și bunicii de la țară,
Cu grădini și cu livezi
Și scăldatul toata vara,
Fără teama că te pierzi.

Remi, șah, mingea în stradă,
Geamuri sparte, cu vecinii cei nervoși,
1 Mai, toți la paradă,
Câini de stradă, răi, jegoși.

Apoi, școli și școli înalte,
Și ambiții, reușite...
Iată, dar ce ne adună,
Asta știu!
Nu știu-acum ce ne desparte.
Cine cumva de o știe,
Poate scrie-o altă carte.

MAMEI MELE

Îţi plâng de-atâta timp plecarea,
Şi ţi-am jelit-o cu tăceri
Şi ţi-am ales din straturi floarea,
Ce nu cunoaşte-n veci uitarea
Şi-am pus-o-n lacrimi jos la scară,
Ce te-a urcat pe veci la cer.

Şi-am întrebat în taină Cerul,
De ţi-e mai bine-acolo sus…
S-a dezlegat atunci misterul:
Că stai cu-apostolii cu Mielul
Şi-n deget ţi s-a pus inelul,
Şi o coroană ţi s-a pus.

Iar eu cu ochii-nrouraţi spre zare,
Te-aud cum îmi cântai duios.
Şi dragostea ta foarte mare
Şi bună făr-asemănare,
Aievea parcă îmi apare,
Cu chipul tău cel mai frumos.

Eu ştiu că îngeri te chemară.
De aceea ultim ai zâmbit.
Şi dragostea ţi-o transformară,
În scumpă piatră foarte rară,
Şi bunătatea ţi-o luară,
S-o pună-n crinul înflorit.

Și crini și roze, violete,
Și coruri te încântă sus.
Și păsărelele în cete
Și versuri mii și cu versete,
Văzduhul tău să îl îmbete,
De dragul tău ți s-au adus.

Mă plec la scară liniștită.
Pios o floare iar ți-aduc.
Pe trepte ce-ai urcat în pripă,
Mă uit: iubirea în risipă,
Ți-a dat aripi; și astăzi încă,
Eu simt cât ai iubit de mult.

TEAMA DE BARE, CODURI, CIPURI, ANTICRIST

Coduri, bare și cu cifre,
Timpi știuți și timp ascuns,
Taine vechi și taine scrise,
Peste veacurile ninse,
Mintea noastră scormonind:
A găsi, sau nu, răspuns.

Semne, semne-adevărate,
Semne care spun ceva...
Sau ne-mbată ambalajul,
Creierul cu tot cuplajul,
Nu mai poate detecta.

Coduri, cifre, chei-cuvinte,
Bâjbâi greu ca-ntr-un hățiș.
Îmi dansează toate-n minte.
Lucruri grele, lucruri sfinte?
Doamne! vreau un luminiș!

Nu-i treaba voastră-a cerceta!
Ne spune Domnul înțelept.
Căci vremile când s-or găta,
Și Fiul se va arăta,
Doar Tatăl știe. E secret.

Însă un lucru, foarte bine
Îl știu și vi-l împărtășesc:
De știi săraci, tu dă-le pâine!
Și viața-n adevăr o ține!
De scârbe, rele, te păzești!

De Domnul nu te lepăda
Purtat de coduri, cifre...
De legi obscure, nu te agăța,
De azi sunt, mâine s-or schimba.
Rămâne doar ce Domnul spuse.

Și încă știu un lucru sigur:
Fiecare vom muri!
Azi, la noapte, nu știu timpul,
Nu vom prinde Anticristul...
Sau l-om prinde, cine-o ști...

Știu sigur, însă că Domnul,
Sus în Cer mă v-aștepta.
Rupând morții crude codul.
Voi vedea atunci pe Domnul,
Ce pe nume m-a chema.

Coduri, bare și cu cifre,
Timpi stiuți, sau timp ascuns,
Taine vechi și taine scrise,
Peste veacurile ninse,
Mintea noastră scormonind...
A găsi, sau nu, răspuns...

TATĂ DRAG

Toamna rece pe cărări,
Frunze galbene și rupte,
Cheamă suflu-n depărtări,
Cheamă dorul și-l tot duce.

Cheamă stropi de lacrimi grei,
Dintr-o inimă durută.
S-au dus ani din anii mei
Și din inima mea frântă.

M-ai iubit și te-am iubit
Drag părinte, dragă tată,
Te-am iubit și n-am gândit,
C-ai să pleci de-aici vreodată.

Veșnicia te-a chemat,
Peste stele, cer albastru,
Toamna-n veșted s-a-mbrăcat,
Frunze galbene și rupte.
Dorul meu înlăcrimat,
Îl tot duce și-l tot duce.

TIMPI

Timpi trecuți și timpi ce vin,
Veacul împărțit la doi,
Am parcurs viața din plin.
Oare, să mă uit 'napoi?

Trec o filă, foșnet scurt…
Iar la alta zăbovesc…
Nu știu anii au trecut?
Sau, eu sunt cel care trec?

Ploaie, soare, stele nori,
Cer albastru, cer senin,
Triluri ce se-aud în zori,
Eu cu drag la piept le țin,
Pentru anii mei ce vin.

PLOUĂ-NCET

Plouă-ncet și răsucit
Ducând dorul văduvit,
Să îl vindece cu leac
Și cu flori de liliac.

Bate vântul printre pruni,
Gânduri vechi și frunze-adun,
O grămadă la un loc,
Să le dau la toate foc.

Bate vântul; plouă trist.
Stele scriu un acatist.
Sunt scutit de-acum de plată,
Greșuri toate mi se iartă.

ZACHEU

Într-o zi prin Ierihon,
A trecut Învăţătorul.
Şi era acolo-un om,
Mic de stat şi mare domn,
Pe Isus sa-L vadă-i dorul.

Iar Zacheu precum vă spui,
Vrea pe Isus să Îl vadă:
- Altă şansă, sigur, nu-i,
Doar în dud dacă mă sui...
Căci e-atât popor pe stradă.

Şi stătea în dud frumos,
Când Isus l-a şi strigat:
- Hei Zachee! dă-te jos
Astăzi, Eu, Isus Hristos,
Vreau să intru-n casa ta!

Şi-atunci vameşul Zacheu,
A stătut 'naintea Lui:
- Doamne, dacă cumva eu,
Am furat cuiva vre-un leu,
Vreau acuma să mă jur:

Împătrit voi da-napoi,
Și iertare îmi voi cere.
Iar pe drumul vieții noi,
La săraci voi da apoi,
Jumătate din avere.

Domnul se uită duios
Și îi spune chiar așa:
- Azi, Zachee va intra,
Mântuirea-n casa ta!
Sus în Cerul glorios,
Îngerii toți vor cînta,
Că s-a-ntors un păcătos!

CUPRINS

www.ingramcontent.com/pod-product-compliance
Lightning Source LLC
Chambersburg PA
CBHW052007090426
42741CB00008B/1593